열입곱

MZ세대가 바라보는 프랑스 - 한국

찾-았다, 프랑스!

강다솜, 김유경, 안미르, 이유정 저자

디 사 랑

찾았다, 프랑스!
  - MZ세대가 바라보는 프랑스-한국

초판인쇄   2023년 1월 6일
초판발행   2023년 1월 10일

공동저자   강다솜 · 김유경 · 안미르 · 이유정

펴 낸 곳   도서출판 **디 시 링**
펴 낸 이   신진호
출판등록   제2002-000017호
주   소   07027 서울시 동작구 사당로 8(상도동)
전   화   (02)812-3694(代)

ISBN 978-89-97756-66-7 03920

정가 13,000원

ⓒ 2023

무단 전재와 복사를 할 수 없습니다.

프롤로그

찾았다, 프랑스! - MZ세대가 바라보는 프랑스-한국

기나긴 여름방학이 끝나고 개강 날이 밝았다. 여전히 날은 덥고 축축 처졌지만, 우리 네 명은 P실무프로젝트라는 대장정을 위해 일찍부터 모여 머리를 맞대었다. P실무프로젝트는 그간 배우고 공부한 전공 지식을 활용하여 학생들 스스로 눈에 띄는 결과물을 만들어내는 것이다. 처음 프로젝트를 수행하고자 하였을 때, 걱정과 두려움이 앞섰던 것은 사실이다. 어떠한 결과물을 내보이면 좋을지 고민이 많았을뿐더러 잘 해낼 수 있을지에 대한 의심이 끊임없이 들었다. 그러나 프로젝트를 본격적으로 시작하기에 앞서 학우들과 자주 모이고 회의를 거듭한 끝에 자신감을 가지고 임할 수 있었다.

가천대학교 유럽어문학과는 프랑스와 독일의 언어와 문화, 역사, 문학, 더 나아가 유럽권, 프랑스어권까지 배울 수 있는 학과이다. 전공 수업을 통해 폭넓은 세계관을 갖출 수 있지만, 우리는 특히 프랑스에 주목하여 이번 프로젝트를 진행하였다. 프랑스 관련하여 4명의 관심 분야가 모두 달랐기 때문에 각자 주제를 선정하되 이를 담당 교수님의 제안과 결합하기로 의견이 모아졌고 그 결과 '프랑스와 한국의 상호문화적 비교와 문화적 수용의 발견'이라는 큰 주제를 설정하였다.

세부 주제는 간략히 '프랑스 동화', '프랑스 디저트와 배달', '프랑스 명품', '프랑스 기업'으로 나뉜다. 주제가 겹치지 않고 다채롭게 제시되어 함께 모여 회의를 하는 과정에서 서로 많이 배울 수 있었던 시간이었다. 각자는 자료 수집을 위해 현장을 직접 발로 뛰었고 그 흔적이 이 책에 고스란히 담겨있다. 혼자서 했다면 버거웠을 일들이 상호 간의 도움과 협업으로 책의 완성도를 높일 수 있었다.

'찾았다, 프랑스!'라는 책 제목은 먼 나라 프랑스로 가지 않아도 이 땅에서 발견할 수 있는 프랑스를 책에 담았다는 의미에서 짓게 되었다. 프랑스는 알게 모르게 한국에 스며들어있어 주변에서 쉽게 접할 수 있다. 우리는 그러한 부분을 찾아 책을 통해 독자에게 전달하고 싶었다. 이 책은 『꼬불꼬불 프랑스 – 대학생이 보는 한국-프랑스 문화』를 이어 가천대학교 유럽어문학과의 두 번째 실무 결과물이다. 주제 선정부터 편집, 교정, 수정에 이르기까지 모두 학생들의 힘으로 이루어졌다는 점에서 의의가 있다.

끝날 것 같지 않던 긴 여정에 마침표를 찍게 되어 너무 기쁘고 뿌듯하다. 아울러 교수님을 비롯해 실무프로젝트 강의를 기획해 주신 가천대학교에도 감사한다. 덕분에 대학에서 프랑스 언어와 문화를 공부한 소중한 추억을 오래도록 남길 수 있게 되었고 처음으로 작가가 되어 글을 써본 값진 경험을 했다. 결코, 쉽지 않은 과정이었지만 앞으로도 우리의 도전은 계속될 것이다.

차례

🗼 **환상의 나라, 프랑스 동화랜드로!** ---------- 1
　… 강다솜

🗼 **즐거울 락, 식도락 –프랑스의 디저트와 배달문화** -------- 37
　… 이유정

🗼 **한국인이 사랑하는 프랑스 명품과 그 역사** ---------- 67
　… 김유경

🗼 **어서와, 프랑스 기업은 처음이지?** ---------- 101
　… 안미르

🗼 **참고문헌** ---------- 132

🗼 **미주** ---------- 133

찾았다, 프랑스! - MZ세대가 바라보는 프랑스-한국

환상의 나라, 프랑스 동화랜드로!

강다솜

'La vie en rose'는 '장밋빛 인생'을 의미하는 프랑스어이며 프랑스 대표 가수 에디트 피아프(Edith Piaf)의 노래 제목이기도 하다. '장밋빛 인생'이라는 의미처럼 앞으로 펼쳐질 모든 이의 삶이 꽃밭이기를 바란다.

환상의 나라, 프랑스 동화랜드로!

··· 강다솜 ···

그림 1 Amusement park[1]

    모두 동화랜드에 오신 걸 환영합니다. 뭐라고요? 성인도 입장 가능하냐고요? 이곳은 연령 제한 없이 누구나 입장 가능한 곳이니 안심하고 들어오셔도 됩니다. 어른이어도 꿈과 환상이 가득했던 어린 시절로 돌아가고 싶은 마음이 드는 건 당연하니까요. 어렸을 때 우리는 정말 많은 꿈을 꾸고 상상의 나래를 펼칩니다. 여러분은 무슨 상상을 하셨나요? 저는 폭신폭신한 구름 나라에 살면서 마음껏 구름을 뜯어 먹는 꿈을 꿨습니다. 이것이 언젠가 현실이 될 줄 알았지만 구름이 안개와 같은 성분이라는 것을 알았을 때 제 세상은 무너진 것만 같았습니다. 그 절망감과 실망감은 이루 말할 수 없었습니다. 하지만 어쩌겠습니까? 정말 속상했지만, 현실을 받아들일 수밖에요.

어느덧 세월이 흘러 성인이 되자 어머니는 제게 『구름빵』 책을 선물해주셨습니다. 책 표지를 열고 천천히 읽어 보았는데 주인공 고양이 남매가 엄마가 구름으로 만들어준 빵을 먹고 하늘을 날아다니며 겪는 일들을 다룬 책이었습니다. 비록 어릴 적 했던 상상과 완전히 일치하는 내용은 아니었지만, 동화 속에는 비슷하게라도 꿈이 이루어지고 있었습니다. 처음에는 가벼운 마음으로 책을 펼쳤다면 완독 후에는 어렸을 때 느꼈던 충격, 절망감과 실망감이 모두 치유되는 기분이었습니다. 저는 이때 다시 한번 동화의 힘을 느꼈습니다.

그림 2 fairy tale book[2]

사람이 태어나서 가장 먼저 접하는 책은 아마 대부분 동화책일 것입니다. 여러분은 어렸을 때 동화를 어떤 식으로 많이 접했나요? 스스로 책을 꺼내 읽기도 했을 것이고 잠들기 전 부모님께서 조곤조곤 읽어주시기도 했을 것이고 유치원에서 선생님이 읽어주시기도 했을 것입니다. 저는 주말마다 부모님과 함께 도서관에 가서 어린이도서관 바닥에 하루 종일 앉아 동화책을 읽은 기억이 납니다. 도서관 문이 닫힐 때까지 딱딱한 바닥에 앉아서 책을 읽다 보니 엉덩이가 많이 아프기도 했습니다. 제가 이렇게까지 동화책을 손에 놓지 않은 이유는 저에게 동화책이란 환상의 나라로 들어가는 입구였기 때문입니다. 어린 제가 느끼기에 도서관은 환상의 나라 대문 같았다면 동화책 표지는 환상의 나라로 들어가는 현관 같았다고나 할까요? 여러분에게 동화책은 무엇이었나요? 어렸을 때로 돌아가 동화책과 함께했던 자신의 모습을 기억해 보시기 바랍니다.

  또 질문 하나 하겠습니다. 여러분은 언제 마지막으로 동화책을 읽었나요? 기억나지 않으신다고요? 부끄럽지만 저도 스스로 동화책을 찾아서 읽었던 때가 언제였는지 기억나지 않더라고요. 분명 그렇게 동화책을 좋아했건만 초등학교 고학년, 중학교, 고등학교, 대학교를 거치고 이제 와 생각해보니 동화책을 제 의지대로 찾아서 읽은 게 까마득한 옛날 일이 되어버렸네요. 동화책은 분명 어른들에게도 따뜻함, 울림, 교훈을 줄 텐데 너무 오랫동안 찾지 않아 동화책에게 미안한 마음이 들 뿐입니다. 저는 이제부터라도 프랑스 동화책과 한국 동화책을 읽고 여러분에게 소개해주는 것으로 삐진 동화책의 기분을 풀어줘야겠네요. 저와 함께 환상의 나라로 가보실까요?

한국, 환상의 나라 대문으로 쏙

책을 보기 전에 우선 도서관으로 가야겠죠. 프랑스 도서관으로 가기 전에 지금 가까이에 있는 한국 도서관으로 가봅시다.

그림 3 korea library[3]

요즘 우리나라 도서관을 보면 단순히 책만 빼곡히 있기보다 다양한 콘셉트를 가지고 있는 경우가 많습니다. 예를 들어 'CGV명동역 씨네라이브러리'는 상영관 하나를 통째로 개조해 만든 곳으로 국내 최초 영화 전문 도서관이라는 타이틀을 가지고 있습니다. 도서관 중앙 맨 앞에는 큰 스크린이 자리하고 있고 책을 보며 쉴 수 있는 자리도 영화관처럼 스크린을 향해 층계로 되어있습니다. 일반 책 외에도 유명 작품들의 콘티북, 시나리오 등 영화 테마의 책을 위주로 소장하여 다른 도서관과 차별점을 두었죠. 이곳의 입장 방법 또한 독특합니다. 영화관 도서관답게 당일 영화 티켓으로 무료입장이 가능하도록 한 것입니다. 상영관 안에서 책을 읽으면 왠지 책을 읽고 떠올리는 상상과 생각들이 스크린 안에 가득 펼쳐질 것 같지 않나요?

그림 4 청운문학도서관 입구

그림 5 자연과 어우러지는 청운문학도서관

그림 6 폭포 속에서 독서할 수 있는 청운문학 도서관

그림 7 청운문학도서관 전경

그림 8 따사로운 청운문학도서관

　다음으로 종로구에 있는 한옥 도서관, '청운문학도서관'으로 가봅시다. 가자마자 커다랗고 으리으리한 기와가 가장 먼저 눈에 뜨입니다. 인왕산 자락에 위치해 있어 도서관 주변의 자연과 더불어 독서를 할 수 있다는 장점이 있습니다. 문을 열면 바로 보이는 폭포, 푸릇푸릇하고 울창한 나무, 맑은 공기, 자연의 소리 이 모든 것을 보고 느낄 수 있는 곳에서 독서를 할 수 있다면 얼마나 좋을까요? 생각만 해도 책이 막힘없이 술술 읽힐 것 같습니다. 가끔은 일과 학업에서 벗어나 이곳에서 책과 함께 쉬어가면 어떨까요?

그림 9 못골 한옥 어린이도서관 입구

그림 10 못골 한옥 어린이도서관 마당

그림 11 못골 한옥 어린이도서관 마루

그림 12 못골 한옥 어린이도서관 내부

　어린이를 위한 '못골 한옥 어린이도서관'도 있습니다. 조선 후기 성리학자인 '윤증'의 고택을 재현한 곳으로 안채, 사랑채, 곳간채, 앞마당, 후원으로 이루어져 있어 전통한옥의 운치를 담은 공간입니다. 어린이들은 이곳에서 한옥 특유의 나무향과 온돌방의 정겨움을 느끼며 독서를 할 수 있습니다. 더불어 앞마당과 후원은 전통놀이 체험을 할 수 있는 공간으로 꾸며져 있습니다. 어린이들은 한옥에서의 독서와 체험을 통해 우리나라 전통 가옥에 대해서도 알게 되고 색다른 경험을 할 수 있게 됩니다. 한 인터넷 기사[4]에 따르면 실제 도서관에서 '어린이 과거시험 일필휘지' 행사가 진행되기도 하였습니다. 어린이 참가자 모두 유생 의상을 입고 글쓰기 경연을 통해 조선시대 과거시험 제도를 재현한 획기적인 프로그램이었습니다.

그림 13 판교 어린이도서관 외관

그림 14 의정부 음악 도서관 외관

그림 15 의정부 음악 도서관 내부

그림 16 의정부 음악 도서관 음악 장르별 도서 모음

'의정부과학도서관'은 어린이들이 다양한 시청각 자료와 체험을 통해 과학적 지식을 쌓고 과학과 친해질 수 있도록 어린이 과학 체험실이 있다는 것이 가장 큰 특징입니다. 과학 체험과 독서를 한 공간에서 모두 할 수 있다는 점이 너무 좋은 것 같습니다.

이처럼 어린이도서관은 대부분 어린이의 책 읽는 습관을 키워주고 상상력과 창의력을 향상시키기 위해 다양한 프로그램을 진행합니다. 틀에 박히지 않은 신박한 외관과 내부 인테리어를 갖추고 있는 것은 물론이고 요즘 트렌드에 맞는 활동을 많이 제공하고 있습니다. 뿐만 아니라 요즘은 미술 도서관, 음악 도서관, 과학 도서관 등 여러 분야와 합쳐진 형태의 도서관을 많이 찾아볼 수 있습니다. 이름만 들어도 궁금증을 유발하여 방문하고 싶은 마음이 들게 합니다. 가끔 분위기를 전환하고 싶을 때 새로운 느낌의 도서관을 방문해 보는 것도 좋은 문화 활동이 될 것 같습니다.

도서관 몇 군데를 둘러보았는데 어떠셨나요? 따분하고 지루하기만 할 것 같은 도서관의 이미지가 지금은 많이 변했을 것이라 생각합니다. 오늘날 도서관은 도서 보유량도 중요하지만 이보다 더 중시되는 건 독특한 콘셉트를 갖추고 이에 맞는 분위기가 조성되는 것이 중요합니다. 그래야 사람들이 꼭 책을 읽지 않더라도 도서관을 자주 방문하고 저절로 책과 가까이하게 될 테니까요.

또한, 도서관은 점점 복합문화공간으로 자리 잡고 있습니다. 독서를 위한 공간뿐만 아니라 휴식을 위한 공간과 새로운 경험의 장으로 변해가고 있으며 도서관의 역할이 점점 확대되고 있습니다. 도서관은 언제나 두 팔 벌려 누구나 받아줄 준비가 되어있으니 이제 우리가 자주 찾아갈 차례입니다.

프랑스, 환상의 나라 대문으로 쏙

프랑스 도서관 하면 빼놓을 수 없는 곳이 있으니 바로, 프랑수아 미테랑 도서관(Bibliothèque François-Mitterrand)입니다. 이곳은 고려시대에 만들어진 세계최초의 금속활자본, 직지심체요절이 보관되어있는 곳입니다. 프랑수아 미테랑은 프랑스의 제21대 대통령으로 프랑스 국립도서관의 장서가 늘면서 소장 공간이 부족해지자 1988년 7월 14일 프랑스 혁명일에 맞춰 '세계에서 가장 크고 현대적인 도서관' 건설을 공표하고 공사를 시작했습니다.[5] 9년 동안의 공사 끝에 1996년 공사를 마치고 개관해 지금까지 공공 도서관으로써의 역할뿐 아니라 시민을 위한 전시관, 문화행사, 컨퍼런스, 콘서트, 토론회 등을 함께 주관하고 있습니다. 프랑스도 한국과 마찬가지로 도서관이 단순히 독서만을 위한 공간 개념을 뛰어넘어 복합문화공간으로 자리 잡았음을 확인해볼 수 있습니다. 1,400만 권이라는 어마어마한 양의 장서를 보유하고 있기 때문에 프랑스 국립 도서관(BNF)이라는 공식 명칭보다 초대형 도서관이라는 의미의 테제베(TGB)로 더 잘 알려져 있습니다. 이렇게 거대하고 웅장한 도서관은 처음 보는데, 언젠가 파리에 가게 되면 꼭 한 번 들러서 책을 탑처럼 쌓아놓고 하루 종일 읽고 싶은 마음이 드는 곳입니다.

그림 17 프랑스 국립 도서관[6][7]

TGB는 하늘에서 올려다 봤을 때, 직사각형의 네 개 모서리만 남겨져 있는 모양입니다. 이것은 펼쳐져 있는 책 네 권을 마주 보도록 하여 지은 것입니다. 도서관 하면 떠오르는 책 이미지를 건축에 반영한 것이 참 독특합니다. 외벽은 모두 유리로 만들어져 있어 감각적인 느낌이 듭니다. 각 유리창 내부에는 나무판을 설치해 햇볕의 양을 조절하도록 하였습니다. 저는 이 도서관에 적용된 모든 건축 양식이 이곳을 지나가는 모든 사람에게 공간이 개방되어있는 느낌을 주려는 의도를 가진 것 같다는 생각이 들었습니다. 한 마디로 도서관에 한 번쯤 들르게 하려는 의도 같았다고나 할까요?

　이제 프랑스 북서쪽에 위치한 항구도시, 생-말로(Saint-Malo)로 가봅시다. 생-말로는 여행지로 유명한 곳이지만 많이 알려지지 않은 곳입니다. 마을이 작고 아담하여 편안한 느낌을 주고 해변을 따라 성벽이 세워져 있습니다. 성벽 길을 거닐며 바다와 마을을 둘러볼 수 있는 것이 이곳만의 특징입니다.

　성 안에는 카페, 음식점 등의 상가가 들어서 있고 이 사이에 잘 찾아보면 생-말로 도서관(Bibliothèque Municipale Saint-Malo)이 있습니다. 외관은 중세 건물의 모습을 갖추고 있어 옛스러움과 고풍스러움을 풍깁니다. 안으로 들어가면 외관의 느낌과는 반대로 현대식으로 꾸며져 있고 우리나라 대부분의 국립 도서관과 마찬가지로 성인을 위한 공간과 어린이를 위한 공간이 나누어져 있습니다. 옛 건물을 현대인을 위한 공간으로 탈바꿈한 것입니다. 한옥 도서관은 도서관이라는 목적을 위해 한옥을 새로 지어 도서관으로 활용한 것이라면 프랑스 도서관은 아주 오래된 건물을 보존하여 도서관을 위한 공간으로 활용했다는 점에서 차이가 있습니다.

　이 도서관은 성안의 상권을 운영하는 사람들과 관광객을 위한 도서관입니다.[8] 규모가 작은 만큼 앞서 본 프랑수아 미테랑 도서관과 큰 차이가 납니다. 이처럼 프랑스에서도 생활 곳곳에서 책을 가까이 접할 수 있도록 환경이 조성되어 있습니다.

프랑스 도서관은 대개 공원과 인접해 있거나 공원 안에서 찾아볼 수 있습니다. 즐거움의 공간 속에서 쉽게 책을 찾아 읽을 수 있도록 한 것이 특징입니다. 어린이도서관도 예외는 아닌데요, 쿠텐베르그 도서관(Bibliothèque Gutenberg)은 책을 들고 나가 잔디밭에서, 나무 그늘에서 독서를 할 수 있습니다. 바깥에서 신선한 공기를 마시며 독서를 할 수 있다니 아이들에게 책에 대한 기분 좋은 인식을 심어줄 것만 같습니다.

파리 'Floral' 공원 내 위치한 비블리오 루도테크 어린이도서관 또한 아름다운 자연을 그대로 담아 어린이에게 자연 속 신선한 독서를 선물합니다. 내부로 들어서면 사면이 유리창으로 되어있어 바깥 공원풍경이 한눈에 보입니다. 입구에는 'maison(집), paris(파리), nature(자연), Bibliothèque nature(자연 도서관)'라 기록된 간판이 보이는데 자연과 함께 하는 독서를 추구하고 있음을 알 수 있습니다. 각종 도미노, 퍼즐, 만화캐릭터 등 책과 어우러진 장난감들도 아이들을 건강하게 유혹합니다.[9]

이처럼 한국이든 프랑스든 어느 나라나 어린이도서관을 통해 아이들에게 건강한 독서 활동을 권장하고 있습니다. 도서관마다 독서를 위한 좋은 환경을 조성하고 있고 차별화된 프로그램을 제공하고 있습니다. 다만, 어린이도서관의 경우 한국은 좀 더 폭넓고 규모가 큰 행사를 위주로 진행한다면 프랑스는 비교적 규모는 작지만 자주, 쉽게 접할 수 있는 간단한 프로그램이 진행된다는 점에서 차이가 있습니다.

샤를 페로(Charles Perrault)의 나라로 쏙

모두 어렸을 때, <신데렐라>, <빨간 망토>, <장화 신은 고양이>, <잠자는 숲속의 공주> 동화를 한 번쯤은 본 기억이 있을 것입니다. 워낙 유명하다 보니 모르는 사람을 찾아보기 힘들 정도이지요. 우리에게 아주 익숙한 이 동화들은 모두 프랑스 작가, 샤를 페로에 의해 만들어졌습니다. 때문에, 프랑스 동화를 이야기하기 위해서는 반드시 그에 대해 짚고 넘어갈 필요가 있습니다. 본격적으로 동화 나라에 들어가기 전, 성인이 될 때까지도 잊을 수 없는 많은 동화를 쓴 샤를 페로가 누구인지 알아봅시다.

  샤를 페로는 '프랑스 어린이 문학의 아버지'라는 호칭을 가집니다. 그의 호칭을 통해 어린이 문학에 있어 그의 지위가 어느 정도인지 짐작해 볼 수 있습니다. 지금은 그의 동화가 널리 알려지고 모르는 사람이 없을 정도의 수준까지 올라있지만, 처음부터 좋은 평가와 대접을 받은 것은 아니었습니다. 오히려 초반에는 문인과 독자들의 관심 밖 작품으로 취급받았습니다. 지금으로선 상상할 수 없는 일이지만 당시 사람들은 서사시 같은 고전적 형식에 익숙했던 터라 페로의 작품을 그저 가볍게 읽고 지나가는 이야기로만 여겼던 것입니다.[1] 그리고 후에 그의 작품은 19세기 낭만주의자들에 의해서 재발견이 되기 시작하여 지금의 자리까지 오르게 되었습니다.

  그가 동화 창작에 전념할 수 있었던 배경은 그가 돌봐야 할 가정의 상황과 맞물립니다. 결혼 후, 3남 1녀를 두는데 아이들이 아직 어릴 때 아내가 일찍 세상을 떠납니다. 혼자서 어린아이 네 명을 책임져야 하는 상황 속에서 그는 문학과 양육에 더욱 전념하기로 결심합니다. 이러한 그의 주변 환경이 작품활동에 집중할 수 있도록 자극제 역할을 해주었습니다.

  다음으로 샤를 페로의 동화는 완전히 새로운 아이디어를 바탕으로 창작된 것이 아니라는 점에 주목해야 합니다. 즉, 그의 작품은 구전 민담을 동화로 재구성한 것이라 보는 것이 옳습니다. 당시 프랑스의 사회를 적나라하게 반영하는 이야기들이 예로부터 입에서 입으로 전해 내려왔고 페로는 이것을 바탕으로 지금의 동화를 만들어낸 것입니다. 오늘날에는 기존의 것을 리메이크하여 사람들에게 알려지는 경우가 많기 때문에 페로의 재구성에 대해 별생각이 없을지도 모르겠습니다. 하지만 당시에 구전 이야기를 바탕으로 작품을 만들어내는 것이 흔한 일이었을까요? 아마 흔하지 않았기에 페로의 동화가 초반에 인정받지 못한 것 같습니다. 시대를 막론하고 언제나 처음에는 새로운 것과 거리를 두기 마련이니까요.

프랑스 전래동화 나라로 쏙

앞서 페로가 구전 민담을 통해 동화를 만들었다는 것을 살펴보았습니다. 이것을 우리는 전래동화라 정의할 수 있습니다. 전래동화는 분명 아주 오래전에 쓰였지만 아직까지 대중적으로 많이 읽히고 지금 우리 사회에 적용 가능한 교훈을 전달해줍니다. 그러므로 지금부터 프랑스 작가, 페로의 동화에는 무엇이 있는지 알아보고 현재와 연결지어 내용을 이해해보도록 하겠습니다.

1) 신데렐라

첫 번째 동화는 모두 '신데렐라(Cinderella)'라고 알고 있는 '쌍드리옹 또는 작은 유리 구두(Cendrillon ou La petite pantoufle de verre)'입니다. 프랑스어 Cendrillon은 사전에 '궂은 일을 도맡아 하는 여자'라고 나옵니다. Cendre는 프랑스어로 '재'를 의미하는데 영어명 '신데렐라'가 '재를 뒤집어 쓰다'는 뜻을 가지고 있듯이 쌍드리옹도 마찬가지라 볼 수 있습니다.

마음씨 착한 쌍드리옹은 계모와 심술궂은 언니들 밑에서 하녀처럼 모든 집안일을 도맡아 하다가 결국 왕자의 무도회에도 참석하지 못하게 됩니다. 후에 요정이 나타나고 쌍드리옹이 무도회에 갈 수 있도록 호박, 쥐, 도마뱀을 마차, 말, 마부로 바꾸어줍니다. 그녀는 요정과 12시 전까지 돌아오기로 약속하고 무도회에 갔다가 급하게 돌아오는 바람에 유리 구두 한 짝을 떨어뜨립니다. 무도회에서 쌍드리옹을 보고 마음에 들었던 왕자는 그녀를 찾기 위해 모든 여자에게 유리 구두를 신겨 본 끝에 쌍드리옹의 발이 유리 구두에 딱 맞아 둘은 결혼을 합니다.

그림 18 cinderella[11]

어렸을 적 처음 <신데렐라>를 읽었을 때 너무나도 이상적인 결말에 반해버려서 저도 신데렐라처럼 착한 일을 많이 해 언젠가는 왕자님을 만나고 말겠다는 부푼 희망을 가졌던 기억이 납니다. 이처럼 동화는 어린이에게 교훈과 희망을 준다는 점에서 가치가 있습니다. '쌍드리옹 또는 작은 유리 구두'는 겉모습보다는 따뜻하고 착한 마음씨가 더 가치 있고 소중하다는 교훈을 전해줍니다. 아무 보잘 것 없는 쌍드리옹이 요정의 마법 한 번에 머리부터 발끝까지 완벽히 화려하게 변신하는 점, 12시가 되면 원래대로 돌아오는 긴박함, 결국 왕자와 만나게 되어 결혼하는 점, 이 모든 것들이 이 이야기를 처음 접한 아이들을 열광시키기에 충분합니다.

2) 빨간 모자

그림 19 빨간 모자[12]

두 번째 동화는 <빨간 모자>입니다. <빨간 망토>로 알고 계신다면 그것도 맞습니다. 빨간 망토를 두른 소녀가 과자와 버터를 할머니께 전달해 달라는 어머니의 심부름을 위해 숲속으로 떠납니다. 숲속에 있던 늑대는 소녀를 발견하고 바로 잡아먹고 싶었지만, 주변에 있는 나무꾼들 때문에 섣불리 잡아먹지 못합니다. 그러자 늑대는 소녀에게 어디로 가는지 묻고 소녀는 친절하게 대답해줍니다. 소녀의 답을 들은 늑대는 재빨리 먼저 할머니 집에 도착하고 할머니를 먹어치운 다음 침대에 누워 소녀를 기다립니다. 그러자 곧 소녀가 도착해서 평소와 다른 할머니의 모습을 보고 늑대에게 이것저것 질문하다가 결국 마지막에 늑대에게 잡아먹히면서 이야기는 끝이 납니다.

여러분은 어렸을 때 이 동화를 접하고 나서 어떤 느낌이 들었나요? 저는 너무 오싹하고 무서웠습니다. 늑대가 소녀를 잡아먹은 결말에 황당하기도 했고 마치 피노키오가 상어한테 먹혔는데도 살아남은 것처럼 소녀가 늑대의 배 속에서 살아남았으면 했지만, 그냥 끝나버려서 아쉽기도 했습니다. 주인공이 늑대에게 잡아먹히고 끝나버리는 결말이라니 지금 다시 보아도 이 동화가 과연 어린이가 읽기에 적절한 것인지 의문이 듭니다.

이러한 결말은 단지 심리적으로 무섭게만 하려는 의도는 아닙니다. 여러분도 <빨간 망토>의 결말을 보고 섬뜩함을 느끼셨겠지만 분명 깨달음도 얻었으리라 생각합니다. 누군가는 심부름하면 안 되겠다는 삐뚤어진 생각을 할 수도 있겠네요. 하지만 지금 다시 보니 위험이 도사리고 있는 현대 사회에서 필요한 동화인 것 같습니다. 요즘은 범죄의 위험으로부터 아이들을 지키는 것이 중요하고 어린이뿐만 아니라 성인들도 보이스피싱과 같은 수많은 범죄로부터 자신을 지키는 것이 중요해졌기 때문에 시대를 불문하고 넓은 계층에게 적용 가능한 동화입니다. 결국, 자신을 지킬 수 있는 건 자기 자신뿐이고 위험으로부터 자신을 지켜내지 못하면 끔찍하지만, 소녀와 같은 결말을 맞을 수 있으니 언제나 방심하지 말고 조심하라는 메시지를 전달해주고 있습니다. 늑대는 수많은 위험과 범죄를 의미합니다. 이것이 우리 사회에는 다양한 형태로 나타날 수 있으니 긴장의 끈을 놓지 말아야 합니다.

3) 장화 신은 고양이

세 번째는 '장화 신은 고양이'입니다. 튼튼한 장화를 신고 위풍당당하게 서 있는 고양이가 머릿속에 그려집니다. 그만큼 이 고양이는 이미지화가 많이 되어왔는데 고양이가 장화를 신고 어떤 일을 해내는지 이야기 속으로 쏙 들어가 봅시다.

그림 20 장화 신은 고양이[13]

세 형제는 아버지로부터 유산을 물려받게 됩니다. 그 중, 셋째는 형들이 다 가지고 남은 고양이 한 마리를 물려받게 되죠. 그는 고양이 한 마리만을 물려받게 된 것에 막막함을 느끼며 불만을 가집니다. 그러던 중 고양이가 튼튼한 장화 한 켤레와 가방 하나를 마련해 달라고 하자 막내아들은 고양이의 부탁을 들어줍니다. 고양이는 장화를 신고 가방을 이용해 토끼와 새를 잡습니다. 그리고 잡은 토끼와 새는 카라바스 후작(고양이가 멋대로 막내아들에게 붙인 이름)이 바치는 거라며 왕에게 선물합니다. 후에도 계속해서 선물을 받은 왕은 카라바스 후작에 대해 좋은 이미지를 가지고 있던 참에 많은 땅과 큰 성이 후작의 것이라는 것을 알게 되어 자신의 딸과 결혼할 것을 요구합니다. 결국, 가장 적은 재산을 물려받은 막내는 공주와 결혼하게 됩니다.

처음에 막내아들은 고양이를 물려받은 것에 대해 불평합니다. 생각해보세요. 형들이 생계에 직접접으로 도움이 될만한 재산을 다 챙기고 남은 고양이만을 자신이 가진다면 얼마나 막막하고 답답하겠어요? 하지만 제일 하찮은 것이라 여겨진 고양이로 인해 막내아들은 공주와 결혼까지 합니다. 고양이의 지혜로움과 막내의 고양이에 대한 믿음과 지원은 좋은 결과를 내기 위한 중요한 요소가 됩니다. 자신의 상황이 아무리 비 한 방울 내리지 않는 황량한 땅에 서 있을지라도 주어진 상황을 잘 이용하여 헤쳐나간다면 분명 그 끝에는 오아시스를 만나게 되리라는 것을 보여주는 이야기였습니다.

물론 이렇게 좋은 메시지를 전달해주기에 아직까지 각광받는 동화로 자리매김하고 있는 것이겠죠? 하지만 마냥 좋게 만은 볼 수 없으니 다른 시선으로도 동화를 읽어 보았습니다. 동화 속에서 막내가 고양이의 지시대로 강가에서 몸을 씻는 동안 고양이는 때맞춰 근처를 지나가는 왕과 공주에게 달려가 후작님이 강가에 빠져 옷도 잃은 상태라고 말하는 장면이 나옵니다. 그동안 자신에게 선물을 바쳐온 사람이 위험에 처했다는 말을 들은 왕은 빨리 후작을 구해 가장 멋진 옷을 입히라고 합니다. 그리고 공주는 멋진 옷을 입은 후작의 모습을 보고 한눈에 반합니다. 이 부분에서 공주가 과연 막내의 실체를 알게 되어도 사랑하는 마음이 변치 않을지에 대해 의문이 들었습니다. 사실상 많은 땅과 커다란 성 또한 막내의 것이 아니라 거짓과 꾀로 왕과 공주가 그렇게 믿도록 만든 것인데 이 사실이 밝혀진다면 어떻게 될지 조마조마한 마음이 들기도 했습니다. 결론적으로 그가 공주와 결혼하게 된 것은 모두 거짓말로 이루어진 것입니다. 또한, 왕은 후작이 막대한 부를 지닌 사람이라는 것을 알게 되자 공주와의 결혼을 요구합니다. 만약 그가 보잘것없는 출신이라는 것을 알았더라도 공주와의 결혼을 요구했을까요? 아마 어딜 감히 자신의 딸을 넘보냐며 딸과는 만나지도 못하게 오지로 유배를 보내버렸을 수도 있습니다. 즉, 막내아들이 이루어낸 것은 거짓말과 꾀의 결과라 볼 수 있습니다. 마치 막장 드라마에서 욕망에 뒤덮인 여자가 자신의 출신, 배경을 모두 숨기고 거짓말로 다시 태어나 재벌을 유혹하는 것처럼요. 동화를 통해 막장 드라마의 요소를 찾아낼 수 있다는 것이 신기할 따름입니다.

4) 푸른 수염

그림 21　비밀[14]

네 번째는 '푸른 수염'입니다. 수염이 푸른색인 한 귀족 신사는 이웃 귀족 부인의 두 딸 중 하나와 결혼하게 해달라고 요청합니다. 두 딸 중 누구도 그와 결혼하고 싶어하지 않았고 그는 부인과 딸들, 지인들을 모두 자신의 근사한 집으로 초대해 며칠간 밤낮으로 파티를 즐깁니다. 푸른 수염의 이러한 노력 끝에 딸들 중 동생이 결혼하기로 마음먹고 결혼을 합니다. 결혼 후 얼마 지나지 않아 푸른 수염은 오랫동안 지방으로 떠나야 할 일이 생겼고 떠나기 전에 아내에게 방 열쇠를 건네주면서 작은 방은 절대로 들어가면 안 된다고 신신당부를 하고 떠납니다. 아내는 너무 궁금한 나머지 결국 열쇠로 방문을 열어 들어가 보는데 그 안에는 푸른 수염이 지금까지 결혼했던 아내들의 시체가 있었습니다. 그 방의 실체를 안 아내는 너무 놀라 열쇠를 떨어뜨렸고 그 열쇠에 피가 묻고 맙니다. 남편이 돌아오기 전까지 아내는 열쇠에 묻는 핏자국을 없애려고 했지만, 그 열쇠에는 마법이 걸려있었기 때문에 한 번 묻은 핏자국은 절대 없어지지 않았습니다. 집으로 돌아온 푸른 수염은 피가 묻어 있는 열쇠를 보고 아내를 죽이려고 할 때 마침 그녀의 오빠들이 집으로 들이닥쳐 그녀의 목숨을 구합니다. 푸른 수염은 그녀의 오빠들에 의해서 죽음에 이르고 그의 어마어마한 재산은 아내에게 남겨집니다.

동화 속 아내는 정말 극적으로 목숨을 부지하게 됩니다. 갑자기 무섭게 돌변한 푸른 수염의 모습에 깜짝 놀랐습니다. 푸른 수염의 정체가 살인자였고 자신의 정체를 숨긴 채 결혼 생활을 해온 부분이 마치 한 편의 영화를 보는 것 같았습니다. 이 동화는 아내가 비밀의 방에 호기심을 가지면서부터 시작됩니다. 독자의 입장에서도 비밀의 방을 열면 아내에게 안 좋은 일이 일어날 것 같다는 느낌이 들지만, 도대체 어떤 비밀이 숨겨져 있는 건지 궁금해서 빨리 방문을 열고 들어갔으면 하는 마음으로 책을 읽게 됩니다. 이처럼 이 동화는 모든 독자의 호기심을 자극할만한 요소를 넣어 아내에게 이입하여 작품에 몰입할 수 있도록 하였다는 특징을 가지고 있습니다.

만약 여러분이 동화 속 아내의 입장이었다면 어떤 선택을 했을 것 같나요? 아마 다들 처음에는 망설이다가 호기심에 못 이겨 끝내 열어보지 않을까요? 호기심은 때로는 긍정적으로 작용하기도, 부정적으로 작용하기도 합니다. 호기심 덕분에 새로운 것을 발견하고 인생에서 잊지 못할 추억을 만들 수 있습니다. 반면에 호기심으로 인해서 다칠 수도 있고 길을 잃을 수도 있고 위험에 처할 수 있습니다. 더 나아가 극단적으로는 동화 속 아내처럼 목숨을 내놓아야 하는 경우가 생길 수도 있습니다. 즉, '호기심'이라는 단어 하나에도 양면성이 있습니다. 이는 '호기심'이라는 단어뿐만 아니라 모든 단어에 적용이 되고 하물며 각각의 인간도 모두 양면성을 가지고 있습니다. 양면성은 우리를 헷갈리게 만듭니다. 모든 것이 상황에 따라 다르게 적용되니 매 순간 지혜를 가지고 해결해 나가는 것이 중요합니다.

푸른 수염에게도 이중적인 면모가 나타납니다. 그는 지방으로 떠나기 전까지만 해도 혼자 있을 아내를 위해 심심하지 않도록 마음껏 친구들과 지인들을 초대하여 시간을 보내도 된다고 따뜻하게 말해줍니다. 그러나 따뜻할 줄만 알았던 그는 자신의 정체가 들통나자 한순간에 무섭게 돌변해 아내를 죽이려고 칼까지 뽑아 듭니다. 이와 같이 그의 변화한 말과 행동을 통해 인간의 이중적인 면모를 다시 한번 생각해 본 계기가 되었습니다. 우리는 주어진 상황과 대상, 기분 등 수많은 요소로 인해 수없이 다른 모습을 내보입니다. 어쩌면 우리는 모두 푸른 수염과 다르지 않은 것 같습니다. 샤를 페로는 푸른 수염을 통해 인간의 이중성을 꼬집어 보여주고자 한 것 같다는 생각이 듭니다. 여러분이 지니고 있는 이중성은 무엇인가요?

그림 22 이중성[15]

그렇다고 이중적인 것이 꼭 나쁘기만 한 것일까요? 이는 인간이 세상을 살아가는데, 꼭 필요한 면모입니다. 호락호락하지 않은 세상에서 살아남고 나를 지키기 위해서 어쩔 수 없이 드러나게 되는 모습인 것 같습니다.

가끔 자신의 다른 모습에 자신도 놀랄 때가 있습니다. 하지만 놀라지 마세요. 누구나 다 같은 경험을 해 본 적이 있으니까요.

5) 잠자는 숲속의 공주

그림 23　잠자는 숲속의 공주[16]

다섯 번째는 <잠자는 숲속의 공주>입니다. 옛날, 옛날에 왕과 왕비가 살았습니다. 이들에게는 딸 한 명이 있었습니다. 어느 날 태어난 지 얼마 안 된 공주의 세례식이 거행되었습니다. 이때 여러 요정이 참여해서 공주에게 선물을 주었습니다. 그러나 마음씨 나쁜 한 요정은 공주가 15살이 되는 해에 물레에 손이 찔려 죽게 될 것이라고 저주를 내립니다. 나쁜 요정이 저주를 내리고 떠나자 한 요정이 가여운 공주를 위해 죽음만은 면할 수 있도록 마법을 부립니다. 왕은 나쁜 요정이 예언한 불행을 막기 위해 물레를 전부 없애도록 명령을 내립니다. 그로부터 15년 후 공주가 15살이 되던 해에 우연히 나쁜 마녀가 물레를 돌리는 것을 보고 자신도 해보려다가 바늘에 손이 찔려 쓰러지고 맙니다. 그녀가 잠들어 버리자 궁전에 있던 모든 사람도 잠들고 그 궁전만 모든 것이 멈춰있는 상태로 100년이 지납니다. 100년 후에 그 궁전을 발견한 한 왕자는 궁전이 가시덤불로 뒤덮여 있어서 들어가기 어려운 상황이었음에도 용감하게 그곳으로 들어가 잠들어있는 공주를 만나게 됩니다.

오랜 시간 끝에 운명의 상대를 만난 공주는 잠에서 깨어나고 왕자와 공주는 서로 사랑에 빠집니다. 후에 결혼도 하고 아이들도 낳아 기르지만, 왕자는 이 사실을 자신의 어머니에게 절대 알리지 않습니다. 왜냐하면, 그의 어머니는 사람을 잡아먹는 마녀였기 때문입니다. 하지만 평생 그 비밀을 숨길 수만은 없었습니다. 왕이 세상을 뜨고 후계자였던 왕자는 왕의 자리를 물려받습니다. 이때, 그는 자신의 비밀을 드러내고 공주와 정식으로 결혼을 합니다.

어느 날 왕은 먼 나라로 전쟁을 하러 떠나야 했습니다. 이 틈에 왕의 어머니는 커다란 통에 온갖 종류의 뱀을 채워 넣고 며느리와 손주들을 그 안에 넣어 죽이려 했습니다. 이들을 통 안에 넣으려는 순간 왕이 전쟁을 마치고 돌아와 그 광경을 보게 됩니다. 왕은 그 장면을 보고 놀라고 그의 어머니는 결국 자신이 통 속으로 몸을 던져 죽고 맙니다. 그 후 왕과 그의 아내, 아이들은 함께 오래오래 행복하게 살았습니다.

끝에서 왕비가 된 공주와 아이들이 죽게 될까봐 마음을 졸이면서 봤습니다. 공주는 태어났을 때부터 나쁜 요정의 저주를 받아 죽을 위기에 처하고 극적으로 살아남아 행복한 생활만을 할 듯 보였지만 또 시어머니로부터 잡아먹힐 위기에 처합니다. 동화 처음부터 마지막까지 그녀는 위기에 처하고 간신히 살아남기를 반복합니다. 여기서 함께 생각해볼 주제는 '주인공의 고난과 시련'입니다. 드라마나 영화를 봐도 대부분 주인공이 끊임없는 시련과 고난, 역경을

그림 24 고난[17]

다 견뎌낸 후에야 비로소 행복을 얻고 끝이 납니다. 이는 드라마, 영화뿐만이 아닙니다. 소설, 동화도 모두 해당합니다.

그럼 왜 주인공은 갖은 시련을 겪어야 하는 걸까요? 만약 주인공이 처음부터 끝까지 계속 행복하기만 한 이야기가 있다고 생각해봅시다. 예를 들어볼까요?

그림 25 행복한 이야기[18]

먼 옛날 마음씨가 곱고 아리따운 공주가 살았습니다. 그녀는 부모님과 백성들의 사랑을 듬뿍 받고 자랐지요. 어느 날 백마 탄 이웃 나라 왕자님이 그녀의 아름다운 모습을 보고 첫눈에 반해 청혼하고 성대하게 결혼식을 올린 후 둘은 아주아주 행복하게 오랫동안 살았답니다. 마냥 행복하기만 해서 좋긴 하지만 재미가 없습니다. 싱거운 느낌도 들고 이렇게 행복하기만 할 거면 굳이 왜 봤나 싶은 생각도 듭니다. 이처럼 우리는 주인공이 처음부터 끝까지 행복하기만 한 스토리를 원하는 것이 아닙니다. 주인공이 힘든 상황을 헤쳐나가고 극복해서 끝내 행복해지는 것을 보고 싶은 것입니다.

그리고 작가는 독자들의 흥미를 위해 계속해서 주인공을 괴롭히는 것이죠.

우리는 드라마를 볼 때 주인공이 악역에게 계속 당하기만 하면 고구마 몇백 개는 먹은 것 같다며 욕을 합니다. 하지만 오히려 그런 드라마가 더 인기 있는 법이죠. 우리는 왜 주인공이 힘들어하는 것을 싫어하면서 계속 보는 걸까요? 행복하기만 한 이야기와 비교해보자면 마냥 낭만적이기만 하고 기분 좋은 감정으로 가득 찬 이야기는 뒷 내용이 궁금하지 않습니다. 어차피 끝에도 행복하게 마무리될 게 뻔하니까요. 뿐만 아니라 현실성이 없습니다. 세상에서 아무 갈등 없이 기쁘고 좋기만 한 사람이 있을까요? 아마 그런 사람은 단 한 명도 없을 것입니다. 작은 일 하나도 고민하고 신경 쓰고 걱정하는 것이 인간입니다. 때문에, 우리는 우리와 같이 고뇌하고 힘든 삶을 살아가는 캐릭터를 이야기 속에서도 보고 싶은 것입니다.

이처럼 우리는 이야기를 볼 때만큼은 그 이야기 속 주인공이 되기도 하고 자신의 삶을 투영하여 보기도 합니다. 그렇기 때문에 주인공이 모든 것을 이겨내어 행복해지기를 바랍니다. '고난'은 듣기만 해도 두렵고 무서운 존재입니다. 하지만 우리는 살면서 아주 많은 '고난'과 부딪히게 됩니다. 이는 피할 수 없으며 우리 인생의 필연적 요소입니다. 다만 이것을 어떻게 받아들이고 극복하느냐에 따라서 인생의 결말은 하늘과 땅 차이로 변합니다. 어차피 피할 수 없는 것이라면 부딪혀 봅시다. 그럼 언젠가 공주와 같은 행복한 결말을 얻게 되지 않을까요?

프랑스 동화를 통해 보는 프랑스 역사로 쏙

지금까지 샤를 페로의 <신데렐라>, <빨간 모자>, <장화 신은 고양이>, <푸른 수염>, <잠자는 숲속의 공주>를 보았습니다. 분명 동화임에도 마냥 가볍지만은 않은 내용을 담고 있었습니다. 결말은 주인공이 모두 행복하게 마무리되었지만, 내용은 전반적으로 어둡고 섬뜩했습니다.

섬뜩한 부분이 담길 수밖에 없는 이유는 아주 먼 옛날부터 구전되어 온 이야기라는 점과 연관 지어 생각해볼 수 있습니다.

그림 26 농민[19]

어느 나라나 마찬가지였지만 역사에서 가장 고통받는 사람은 바로 백성, 농민들입니다. 나라가 위기에 처했을 때 가장 고생하는 사람도 농민들이죠. 당시 프랑스 농민들은 과도한 세금과 잦은 전쟁으로 국가의 빚을 떠안았고, 이들이 내는 수많은 세금 중에는 공기세와 소금세까지 있었습니다[20]. 농민들은 열심히 일했지만, 그들에게는 아무것도 남지 않아 살아남기가 힘든 상황이었습니다. 이렇게 먹고 살기 힘든 상황이다 보니 프랑스 농민들은 자신들이 독해지는 방법을 택합니다. 때문에, 프랑스에서는 사악하고 교활하다는 말이 결코 나쁜 의미로만 쓰이지 않습니다. 이를 보여주는 프랑스어 단어가 있습니다. 'malin'은 '간악한', '교활한'이라는 의미와 동시에 '영리한', '현명한'이라는 의미도 가집니다. 이런 것들은 모두 프랑스 농민들의 잔혹한 삶으로부터 비롯된 것입니다. 민담에 섬뜩하고 교활한 내용이 많이 담긴 이유도 바로 이런 프랑스 역사 때문이라 할 수 있습니다.

동화를 보면 그 나라의 역사, 문화를 파악할 수 있습니다. 여기에 흥미 요소와 교훈적인 내용을 담아 아주 오랫동안 많은 사람에게 가치를 인정받고 읽힙니다. 그렇기에 동화는 어린 시절에만 읽고 말기보다 어른이 되어 다시 한번 읽어 보는 것이 필요한 것 같습니다. 같은 이야기여도 그것을 언제 읽느냐에 따라 생각과 느낌이 달라지기 때문입니다.

한국 속 프랑스 동화로 쏙

샤를 페로의 동화는 너무 유명하여 모두가 대부분 알고 있었을 것입니다. 하지만 그의 동화 외에도 좋은 프랑스 동화가 많이 있습니다. 도서관, 서점에 가서 조금만 관심을 기울이면 프랑스 작가들이 쓴 동화가 많이 있는 것을 확인해 볼 수 있는데 그중에 몇 권을 소개해보려 합니다.

1) 안느-가엘 발프(Anne-Gaelle Balpe)의 『고약한 결점』

안느-가엘 발프는 어렸을 때부터 책과 글쓰기를 좋아해서 작가가 되었습니다. 파리에 살면서 유치원 교사로 일하는 틈틈이 글을 쓰며 60여 종의 책을 냈습니다[21]. 직업 특성상 아이들을 가까이 할 수 있었기 때문에 아이들에게 전하고 싶은 이야기를 아이들의 눈높이에 맞게 쓸 수 있었던 것 같습니다.

'결점은 고약하다.'는 말에 다들 동의하시나요? 책을 읽기 전, 『고약한 결점』이라는 책 제목에 동의하며 책을 펼쳤습니다. 각각의 개인은 모두 각자 다른 자신만의 결점을 가집니다. 결점은 끊임없이 우리를 괴롭힙니다. 어떤 때는 결점이 꼬리에 꼬리를 물어 부풀어 오르기도 합니다. 이런 경험은 누구나 해봤을 것입니다. 그러므로 '결점은 고약하다.'는 말에 다들 동의할 것입니다. 작가는 '결점'에 대한 이야기를 펼치기 전에 '결점은 고약하다.'는 사람들의 일반적인 생각을 제목으로 제시한 것 같습니다. 그럼 결점은 정말 고약하기만 한 것일까요? 책을 보며 생각해봅시다.

그림 27 『고약한 결점』에서 그려진 '결점'을 참고하여 직접 '결점'을 표현해보았다.

동화 속 한 아이는 사람들 눈에 띄지 않을 만큼 아주 작은 결점을 가지고 태어납니다. 이 아이가 자라면서 결점도 함께 자랍니다. 눈에 띄지도 않을 만큼 작았던 결점이 자신을 괴롭힐 정도로 커져 버립니다. 결점은 친구들과 함께하지 못하게 방해하고 공부도 하지 못하게 하고 학교에서 벌까지 받게 합니다. 혼자 있을 때는 얌전한 결점이 학교에만 가면 끊임없이 아이를 괴롭힙니다. 아이는 결점을 이겨내기 위해 다른 사람의 조언대로 해보지만 달라지지 않습니다. 그러다 아이는 특별한 의사 선생님을 만납니다. 알고 보니 의사 선생님도 원래는 아주 커다란 결점을 가지고 있었는데 결점을 신경 쓰지 않으려 노력하니 아주 작아진 것이었습니다. 아이는 의사 선생님의 말을 듣고 결점을 신경 쓰지 않기 위해 노력합니다. 고약한 결점은 계속해서 아이를 방해했지만 아이는 어느새 결점을 신경 쓰지 않을 만큼 강해집니다. 결점은 아주 작아졌고 모두가 자신의 결점이 아닌 자신을 보게 됩니다.

안느-가엘 발프는 책의 첫 장에 아래와 같이 밝힙니다.

> 자신의 결점을 극복하기 위해 매일 있는 힘을 다해 노력하는 모든 아이들에게, 그 아이들을 돕는 모든 어른들에게, 이 책을 바칩니다[22].

그는 아이와 아이를 돕는 어른에게 이 책을 추천하고 있습니다. 하지만 이 책은 결점으로 인해 자신을 잃어버린 모든 사람이 읽기 좋은 책입니다.

책의 제목대로 결점은 정말 고약합니다. 아이의 결점이 친구들과 어울리지 못하게 하고 공부도 못하게 한 것처럼 결점은 끊임없이 쫓아다니며 괴롭힙니다. 이러한 결점의 특징을 반영하여 동화 속 그림은 아이의 결점을 노란색 실타래처럼 표현했습니다. 노란색 실타래는 아이가 아무것도 하지 못하게 발을 묶어 놓기도 합니다. 동화 속에서 건네고자 하는 메시지도 물론 좋았지만, 무엇보다 내용과 그림이 너무 잘 어울려 그림을 보는 재미도 있었습니다.

사람은 누구나 결점을 지니고 있고 신경 쓰이기 마련입니다. 그러다가 어느 순간 눈덩이처럼 불어나는 것이 결점입니다. 결점은 우리를 작게 만듭니다. 결점만 생각하다 보면 '나'는 찾아볼 수도 없을 만큼 작아져 있고 결점이 '나'를 지배하게 됩니다. 아이도 이런 상황을 겪다가 결점만을 키운 자기 자신이 바로 결점임을 깨닫게 됩니다. 깨달음을 얻은 아이는 결점을 신경 쓰지 않기 위해 노력을 하면서 자신을 되찾고 성장합니다. 결국, 결점은 아이에게 부정적으로만 작용하지 않았습니다. 결점으로 인해 아이는 스스로 커가는 방법을 배웠습니다. 따라서 결점이 고약해질지 말지는 우리에게 달려 있습니다. 만약 지금 자신을 방해하는 결점이 있다면 그것에게 무관심해지세요. 그럼 언젠가는 결점으로부터 자유로워질 수 있을 것입니다.

2) 레미 쿠르종(Remi Courgeon)의 『아무것도 없는 책』

레미 쿠르종은 학창 시절 선생님을 재미있게 그리면서 그림을 그리기 시작했습니다. 이후 미술학교에서 시각표현을 공부하고 오랫동안 광고 회사에서 일했습니다. 그는 미국과 프랑스 미술전에도 참여하고 기자로서 활동하기도 했습니다. 현재는 어린이 책 작가로서 서른 권 넘게 어린이 책을 출간하였고 그 중 『아무것도 없는 책』은 2021년 랑데르노상 그림책 부문 최종 후보에 올랐습니다[23].

처음, 『아무것도 없는 책』이라는 책 제목을 보고 무슨 이야기가 펼쳐질지 좀처럼 감이 잡히지 않았습니다. 제목처럼 정말 아무것도 없는 책인지 너무 궁금해서 바로 책을 펼쳐보았습니다. 모두 백지였다면 신기한 책이라며 웃고 덮었겠지만 아쉽게도 그런 일은 일어나지 않았습니다. 예쁜 표지만큼이나 내부도 아기자기하고 알록달록한 그림으로 가득 채워져 있었습니다. 과연 어떤 이야기가 담겨 있을까요?

그림 28 아무것도 없는 책[24]

아주 오래전 어느 날, 할아버지는 손녀인 알리시아에게 제목이 '아무것도 없는 책'인 텅 비어있는 책 한 권을 선물로 줍니다. 보통 책은 글과 그림으로 가득 차 있는데 새하얀 백지로 되어있는 책을 보고 알리시아는 의아해합니다. 그러자 할아버지는 이 책은 마법 같은 책이어서 앞으로 책을 펼칠 때마다 새로운 생각들이 떠오를 것이라 말합니다. '아무 것도 없는 책'은 흰 종이에 그 어떠한 얼룩도 묻지 않게 조심히 다루어야 합니다. 흰 종이에 아주 작은 얼룩이라도 생긴다면 다른 평범한 공책과 다를 바가 없으니까요. 할아버지는 그렇게 알리시아에게 책 한 권과 주의사항을 이야기하고 일주일 뒤에 세상을 떠납니다. 어린 알리시아는 책에 아무것도 묻지 않도록 조심하면서 언제 어디서나 책을 가지고 다닙니다. 책을 펼쳐 볼 때마다 무슨 생각이든지 어김없이 떠올랐습니다. 알리시아는 요리하는 것을 좋아했는데 새로운 요리법을 개발할 때면 '아무것도 없는 책'을 펼쳤습니다. 이 책 덕분에 알리시아는 첫 번째 요리책을 쓸 수 있었습니다. 살면서 책이 위험에 빠질 때도 있었지만, 그녀는 언제고 책을 지켜냈습니다. 시간이 흘러 어른이 되어서도 머릿속이 텅 빈 것 같을 때면 책을 펼쳐 바라보았습니다. 어느 날, 알리시아는 벚나무 아래에서 어김없이 책을 보다가 우연히 어떤 남자와 부딪힙니다. 이후 둘은 둘도 없는 버팀목이 되었고 아주 작은 식당을 열어 손님들에게 세상 어디에서도 맛볼 수 없는 요리를 선물합니다.

 '아무것도 없는 책'은 이야기 마지막 부분에서 화재로 한 줌의 재가 됩니다. 알리시아는 주저하지 않고 바로 인쇄소에 찾아가 '아무것도 없는 책'과 똑같은 책을 만들어달라고 합니다. 그리고 책이 나올 때까지 혼자의 힘으로 생각을 해내며 이야기는 끝이 납니다.

 누구든 좋은 아이디어를 떠올려야 하는데 떠오르지 않아 힘들었던 경험이 한 번쯤은 있을 것입니다. 그런 순간이 올 때마다 여러분은 어떻게 해결하십니까? 이 책의 주인공, 알리시아는 아무것도 적혀있지 않은 책을 보고 새로운 생각을 해냅니다. '아무것도 없는 책'을 보고 있으면 온전히 자신만의 상상으로 백지가 채워지니 뭐라도 생각이 떠오를 것 같습니다. 사고력과 창의력이 중요한 요즘 번쩍이는 생각이 나지 않아 힘들 때마다 '아무것도 없는 책'을 펼쳐보는 것은 어떨까요? 지금이라도 자신만의 '아무것도 없는 책'을 만들어 기발한 생각들로 머릿속을 가득 채우길 바랍니다.

3) 레미 쿠르종(Remi Courgeon)의 『커다란 나무』

레미 쿠르종의 그림과 글을 보고 있으면 왜인지 모르게 마음이 따뜻해집니다. 이 책에는 커다란 나무가 그려져 있어 책 자체가 위아래로 길고 큽니다. 커다란 나무에 과연 무슨 일이 일어나는 것일까요?

그림 29　나무[25]

어느 부자 아저씨가 비행기를 타고 여행을 가는 도중에 커다랗고 울창한 나무 한 그루를 발견합니다. 아저씨는 당장 비행기에서 내립니다. 나무가 너무 마음에 든 나머지 나무를 가져다가 자신의 성에 심기 위해 기술자와 정원사를 부릅니다. 그들은 나무 주변에 땅을 파서 나무를 뽑아내려 합니다. 어느 날, 일이 다 끝나갈 무렵, 커다란 나무가 옆에 있는 작은 나무의 뿌리와 단단히 얽혀 있다는 것을 알게 됩니다. 작은 나무는 어느 한 집에 그늘을 드리우고 있었고 집주인 할머니는 그늘을 벗 삼아 앞마당에서 낮잠을 자고 있었습니다. 아저씨는 어떻게든 큰 나무를 가지고 싶었기에 비서를 보내 할머니에게 작은 나무와 집까지 사겠다고 하지만, 할머니는 그의 제안을 모두 마다합니다. 화가 난 아저씨는 할머니를 직접 찾아갑니다. 아저씨를 기다리고 있었던 할머니는 아몬드 비스킷과 차를 대접합니다. 돈을 내지 않고 무언가를 거저 받은 것이 처음이었던 아저씨는 깜짝 놀랍니다. 습관처럼 얼마인지 물어보려다 할머니와 눈이 마주친 아저씨는 할머니의 왼쪽 눈에는 커다란 나무의 그림자가, 오른쪽 눈에는 조그만 나무의 그림자가 비쳐 있는 것을 봅니다. 두 나무는 할머니 얼굴에 있는 수없이 많고 가는 주름으로 서로 이어져 있었습니다[26]. 그 날은 알고 보니 할머니의 여든 번째 생신이었습니다. 아저씨는 할머니에게 선물로 무엇을 받고 싶냐고 묻습니다. 할머니는 선물로 파헤친 나무의 뿌리를 덮어달라고 부탁합니다. 아저씨는 홀로 남아 일 년 동안 전화도 받지 않고 나무의 뿌리를 덮어줍니다. 나무를 예전처럼 되돌리는데 딱 일 년이 걸렸습니다. 다시 돌아온 할머니의 생신 선물로 아저씨는 자신의 휴대전화를 드립니다. 그는 할 일을 다 마치고 그곳을 떠납니다. 몇 주 뒤, 아저씨는 할머니에게 전화를 겁니다. 할머니는 아저씨에게 온 전화를 커다란 나무에게 바꿔주고 이야기는 끝이 납니다.

이 책은 내용이 직접적이지 않고 상징적이어서 각 인물의 행동과 대화를 통해 의미하는 바가 무엇인지 독자가 알아내야 합니다. 아저씨는 수영장 딸린 성을 가지고 있을 정도로 아주 부유합니다. 그만큼 여유가 없고 세속적인 사람으로 그를 통해 바쁘게 살아가고 원하는 것을 얻기 위해 노력하는 현대인의 모습이 비칩니다. 반면에 할머니는 그리 부유하지는 않지만, 나무 그늘이 비추는 집에서 낮잠도 자고 아몬드 비스킷을 만들어 먹기도 합니다. 할머니는 아저씨보다 가진 것은 많이 없어도 자신에게 주어진 상황에 만족하며 여유로운 삶을 삽니다. 우리는 어쩌면 모두 할머니처럼 여유로움을 원할지도 모릅니다. 하지만 빠르게 변화하는 사회의 흐름 속에서 뒤처지지 않기 위해서는 누구보다 빠르게 움직여야 합니다. 레미 쿠르종은 아마도 이런 안타까운 현실을 아저씨와 할머니의 대비되는 모습을 통해 상징적으로 보여주고자 한 것 같습니다.

　아저씨는 홀로 남아 자신의 욕심으로 인해 훼손된 나무를 회복시키기 위해 일 년이라는 시간을 바칩니다. 아저씨가 기꺼이 그러기로 마음먹을 수 있었던 것은 무엇 때문이었을까요? 아마도 할머니의 눈동자에 비친 두 나무를 보고 결심을 한 것 같습니다. 할머니는 그 집에 살면서 늘 나무와 함께했을 것입니다. 만약 자신이 나무 두 그루를 모두 가져간다면 할머니의 눈동자에는 더 이상 나무가 비칠 수 없게 됩니다. 아저씨는 나무가 할머니의 일부라는 것을 깨닫고 할머니로부터 나무를 앗아가려 한 자신이 부끄러웠을 것입니다. 그는 돈으로 얻고 싶어 한 것을 모두 얻을 수 있었지만, 나무만큼은 돈을 주고 구매하지 못합니다. 작가는 이를 통해 우리에게 많은 생각을 하게 합니다.

집으로 쏙

　한국과 프랑스 도서관, 샤를 페로의 동화, 안느-가엘 발프의 동화, 레미 쿠르종의 동화 속으로 갔다 와 보니 어떠셨나요? 동화의 세계는 정말 신기합니다. 겉으로는 단순히 흥미를 위한 이야기 같다가도 파헤쳐 보면 그 어떤 책보다도 난해하니까요. 오랜만에 동화를 읽으니 동심으로 돌아간 것 같다가도 이해하기 어려운 부분이 많아 생각을 많이 하게 됐던 시간이었습니다. 여러분도 저의 동화랜드를 통해 머릿속과 마음속이 가득 채워진 시간이 되었기를 바랍니다.

　끝으로 동화랜드를 준비하면서 아쉬웠던 부분에 대해 밝히고자 합니다. 프랑스에는 현재 안느-가엘 발프와 레미 쿠르종 외에도 아이들, 어른들의 마음을 어루만져주는 그림책과 동화를 쓰는 작가들이 많이 있습니다. 다양한 작가의 좋은 동화를 다채롭게 소개하지 못한 점이 마음에 걸립니다. 찾아보면 분명 좋은 동화를 발견할 수 있을 테니 다른 프랑스 작가의 동화도 많이 읽어 보세요. 분명 후회하지 않을 것입니다. 더불어 동화는 그림과 함께 봐야 제대로 봤다고 할 수 있으니 『고약한 결점』과 『아무것도 없는 책』,『커다란 나무』 모두 직접 찾아서 그림과 함께 보시길 권해드립니다. 그럼 색다른 느낌과 따뜻한 울림을 느낄 수 있을 것입니다.

동화를 찾고 자료를 수집하기 위해 도서관을 돌아다니면서 아래와 같은 글을 보았습니다.

그림 30　어느 도서관의 협조 글

어린이와 보호자를 제외한 중고등학생과 성인은 어린이도서관에 출입하지 못하도록 하는 글이 문에 붙여져 있었습니다. 중고등학생과 성인도 마땅히 동화책을 통해 위로받고 안정을 얻을 수 있는 것인데 책을 너무 성인만을 위한 것, 어린이만을 위한 것으로 나누어 양분화한 것은 아닌지 아쉬운 마음이 들었습니다. 중고등학생과 성인도 눈치 보지 말고 자유롭게 어린이도서관에서 동화책을 고르고 읽을 수 있도록 환경을 조성해주길 바라면서 동화랜드를 마무리 지어야겠습니다.

아쉽지만 이제 프랑스 동화랜드의 폐점시간이 다가왔습니다. 오늘도 저의 동화랜드를 찾아주셔서 감사합니다. 잃어버린 소지품은 없는지 확인하시고 안전하게 조심히 돌아가세요.

찾았다, 프랑스! - MZ세대가 바라보는 프랑스-한국

즐거울 락, 식도락
-프랑스의 디저트와 배달문화

이유정

'Bonbon'은 프랑스어로 사탕, 과자를 의미한다. 내가 좋아하는 디저트이기도 하고 단어 어감 자체도 귀여워서 이 단어를 선택했다. 무엇보다 나의 글과 잘 어울리는 단어이다.

즐거울 락, 식도락~
프랑스의 디저트와 배달문화

··· 이유정 ···

　최근 코로나가 완화되면서 외식문화가 다시 활기를 되찾고 있다. 예전부터 우리나라 사람들은 각자 자기만의 소소하고 확실한 행복들을 찾는데 그 중 많은 사람들은 일상 속의 스트레스를 맛있는 음식들을 먹으면서 풀기도 하며 맛있는 집을 찾아 줄을 서서 음식을 먹고 그것들을 사람들과 공유하고 인터넷 소셜 미디어에 올리면서 소통한다. 최근 몇 년 동안 코로나로 인해 사람들은 이런 행복을 누리지 못했다. 코로나가 완화되면서 사람들은 다시 식당을 찾고 맛있는 음식을 먹으러 가 몇 시간 줄 서서까지 기다려 먹는다. 현재 우리나라는 다시 식당이 활기를 찾고 사람들은 인터넷에 인기 있고 분위기 좋은 곳을 찾아 떠난다. 맛집이 주는 즐거움에 식사만 한정되어 있는 게 아니다. 우리나라 같은 경우 메인 식사를 끝낸 후 자연스레 디저트를 먹으러 간다. 음식이나 디저트를 통해 우리는 시각적인 즐거움, 후각적인 즐거움, 식당의 분위기에서 즐거움을 찾는다.
　반면 프랑스는 우리나라와는 조금 개념이 다르다. 물론 음식에서 오는 즐거움도 있지만 프랑스는 미식의 나라이다. 예전부터 미식을 중요시 해왔고 음식에 대한 자부심도 큰 나라이다. 우리나라와는 달리 빵을 주식으로 먹어오고 디저트에 관한 역사가 오래된 나라이다. 그만큼 수많은 요리들과 디저트들이 있는데 이 요리들과 디저트들의 조화와 먹는 순서에도 되게 체계적이고 구체적으로 정해져있다. 미식의 나라인 만큼 미식을 주제로 세계 최초 유네스코 세계 무형 유산에 등록되기도 했다.

이렇게 같은 음식과 디저트이지만 의미도 다르고 종류도 다르면서 한편으론 음식에서 오는 즐거움이란 공통점을 가진 음식이란 흥미로운 주제를 가지고 얘기해볼까 한다.

음식문화 중에서 디저트에 더 중점적으로 보는 이유는 우선 프랑스를 중심에 두고 볼 때 우리가 흔히 떠오르는 것이 디저트의 나라이기 때문이다. 그래서 프랑스 디저트를 중심으로 그와 비교되는 우리나라의 디저트를 함께 살펴보려는 것이다.

그리고 이 음식을 조사하면서 음식을 밖이 아닌 집에서 간편하게 그 맛을 즐길 수 있는 방법으로 배달이 있는 데 여기서 음식과 긴밀한 관계가 있는 배달에 관해서도 같이 다뤄보면 어떨까 해서 배달도 같이 알아보려는 것이다. 또 조사하면서 흥미로웠던 것은 배달문화가 우리나라가 제일 잘 발달되어있는 줄 알았는데 설마 프랑스에서도 배달을 할까 싶었지만 프랑스도 코로나를 겪은 후 많은 것이 변해있었다. 콧대 높은 프랑스의 많은 레스토랑들도 코로나로 인해 어려워지자 점점 배달에 눈을 뜨기 시작했고 그 결과 프랑스에서도 미슐랭 레스토랑의 음식들을 집에서 편하게 먹을 수 있게 된 것이다. 그래서 이 사실들을 통해 우리나라와 프랑스의 배달문화에 대해 더 자세히 파헤쳐 보고 싶어져서 배달을 주제로 가져왔다.

그래서 이번에 큰 틀에선 음식문화를 주제로 작게는 프랑스-한국의 디저트 비교와 한국과 프랑스의 배달문화에 대해 알아볼 것이다.

제1장. 디저트

우리나라 전통 디저트 - 한과

우리나라의 디저트에 대해 살펴보자. 디저트에 대해 살펴보기 전 우리나라의 디저트 역사 에 대해 알아보자. 한 블로그에 소개된 디저트 역사에 따르면[27] 우리나라 전통 디저트인 한과가 처음 등장한 때로 내려가 보면 기록에 제일 먼저 등장한 시기가 삼국시대인 것을 알 수 있다.

우리 한과가 쓰인 용도는 제수용품으로 원래 제사상에 생과일을 올려야 하지만 겨울 같은 때에 과일을 구하기 쉽지 않아 곡식을 빻아 뭉쳐 과일 모양을 낸 것으로부터 시작한다.

이 이후로 신문왕 3년에 폐백품목을 보면 또 등장하는 것을 알 수 있고 통일신라 때는 차 문화가 발전해 차와 즐길 수 있는 다과가 만들어졌음을 추측할 수 있다.

고려시대에는 약과가 큰 유행을 이끌었는데 여기에는 슬픈 역사가 있다. 원나라 간섭시기 우리나라 왕은 장가를 가기 위해 원나라로 직접 가 원나라 공주를 왕비로 데려왔는데 이 때 상궁들이 임금을 위해 만든 유밀과가 큰 인기를 끌어 고려병 이라고 불렸으며 이게 약과로 불린 것이다. 이 당시에는 약과가 매우 귀하고 사치품이라 불렸는데 그 이유가 현재 우리가 알고 있는 값싼 약과가 아닌 고급 재료인 밀가루와 꿀로 만들었기 때문이다. 그래서 국가적 행사와 왕족, 귀족의 행사에 많이 사용되었고 명종 22년과 공민왕 2년에는 약과가 많이 만들어지는 풍습에 대하여 약과 사용금지령까지 내렸을 정도이다.

조선시대로 올라와 더 종류가 다양해졌고 현재 우리가 알고 있는 다과들이 조선시대에 만들어졌던 다과들이다. 조선시대도 마찬가지로 한과들이 값비싼 재료들로 만들어졌기에 너무 많이 만들어지는 것을 금하고 혼례나 행사가 있을 때만 사용하도록 하였다.

이제 우리나라 전통 디저트의 종류와 특징들에 대해 알아보자. 인터넷 자료[28]에 따르면 우리나라의 한과는 크게 유밀과, 유과류, 정과류, 숙실과류, 다식류, 엿강정류, 엿류와 당류가 있다.

유밀과란 반죽에 꿀을 섞거나 바른 다음 일정한 크기와 두께로 썰어 기름에 지지거나 여러 문양의 약과 판에 넣어 찍는 것인데 대표적인 것은 약과류이고 그 외에 만두과류가 있다.

유과류는 찹쌀가루에 술을 넣고 반죽하여 찐 다음 꽈리가 저어서 모양을 만들어 건조시켜 기름에 지져낸 다음 엿물이나 꿀을 입혀 다시 고물을 묻힌 것으로 모양과 고물의 색에 따라 여러 이름이 붙게 된다. 이때 유과에서 기름에 튀기기 전 반죽을 반대기라 한다. 한과 중 가장 최고급으로 꼽히며 만드는 정성과 아울러 입에 넣으면 바삭하게 부서지면서 사르르 녹는 맛은 과히 일품이다. 제사상이나 혼례상, 정월 세찬에 반드시 올리던 것으로 지금은 좋은 날에 축하음식의 선물로 많이 한다. 유과류의 종류에는 산자류(수복산자, 매화산자, 묘화산자), 강정류 (손가락강정, 방울강정)가 있다.

정과류는 식물의 뿌리, 줄기, 열매 등을 끓는 물에 살짝 데친 후 엿이나 꿀에 졸인 것을 뜻하며 전과라고 불리기도 한다. 정과류는 당도가 65% 이상이 되게 만든 것으로 제철 채소나 뿌리, 과일, 견과류 등을 저장하는 수단으로 이용된 한과이다. 정과류는 크게 2가지로 나뉘는데 끈적끈적하게 물기를 남겨서 만드는 진정과와 이것을 설탕에 굴려 수분을 말린 건정과가 있다.

숙실과류는 과일나무의 열매나 식물의 뿌리를 익힌 다음 꿀에 조린 것으로 크게 초와 란 2가지 방식으로 구분한다. 초는 과실의 원래 형태가 유지되도록 졸이는 반면 란은 과실을 익힌 뒤 으깨서 꿀이나 설탕 등에 졸여 다시 원래의 모양으로 빚는 방식이다. 마지막으로 다식류는 곡물이나 약초, 견과류 등을 밀가루, 꿀과 함께 반죽하여 다식판이라는 예쁜 문양이 새겨진 틀에 박아낸 만든 것이다. 이 다식류는 반죽을 틀에 박아내는 점에서 유밀과에 속하기도 한다.
　나는 이 전통 다과들을 직접 먹어보고 느껴보고 싶어 인터넷에 검색해서 우리나라에서 다과상 체험으로 유명한 곳을 선택 해 다녀와봤다.

그림 31 한국의 집 '고호재'

　이 건물의 이름은 고호재의 집이라는 명칭이고 이곳은 우리나라 전통 관련 많은 행사 및 체험, 프로그램을 운영하고 있다.
　내가 간 곳은 지금은 전통 한정식 집으로 쓰이고 있는 데 예전에 영빈관으로 쓰여 국가적 행사가 있을 때 귀빈들과 대통령이 찾은 곳이기도 하다. 이곳은 한정식집도 하고 이곳에서 전통 혼례도 치룰 수 있고 지금은 코로나로 인해 조금 줄었지만 예전엔 여기서 우리나라 전통음악 관련 프로그램도 개최하고 여기서 많은 연예인들이 우리나라 정취를 담은 뮤직비디오를 찍을 때 방문한 장소로도 유명하다.
　내가 여기서 체험한 다과상은 계절 마다 주제를 달리해 각 계절마다 다른 식재료들을 이용해 다과 한 상을 먹어 볼 수 있다. 차도 각 계절마다 나오는 것이 다르다.

이번에 내가 갔을 때는 가을 콘셉트로 총 7가지 다과와 한 가지의 차가 같이 나온다. 여기에 추가금액을 내면 호두 대추 죽을 먹을 수 있다. 이것도 가을 한정메뉴로 봄, 여름, 겨울에는 다른 메뉴가 나온다.

지금까지 나온 것들을 토대로 정리해보면 봄에는 쑥구리단자, 화전, 당귀엽전, 만두과, 금귤정과, 딸기정과, 호두강정이 나오며 차로는 매화차가 나온다. 추가메뉴로는 씨앗 오자 죽이 있다.

여름다과상으로는 단 호박 증편, 원소병, 살구과편, 오미자배정과, 산딸기정과, 송화다식, 콩다식이 나오고 추가 메뉴는 송화참외팥빙수가 있다.

겨울 다과상에는 개성주악, 건시단자, 유자단자, 도라지정과, 모과과편, 호박씨다식, 흑미 단자가 나오며 차로는 홍화차가 나온다. 추가메뉴에는 녹두 보양 죽이 있다.

이렇게 각 계절을 대표하는 식자재를 이용해 메뉴 구성을 한다. 이곳은 예약 잡기가 정말 하늘에 별 따기라 보통 취소표가 나오면 줍는 형식이다. 나도 며칠 만에 취소표가 나와 재빠르게 예약을 했는데 한 타임에 총 12명 정원이고 하루에 총 4타임이 있다. 한 타임 당 1시간 30분이어서 가서 1시간 30분 동안 즐길 수 있다. 그리고 여긴 특이하게 예약은 인터넷으로 하고 가서 결제를 하는 데 결제순서 즉 온 순서대로 자리를 차지 할 수 있기 때문에 원하는 자리를 얻고 싶으면 일찍 가서 기다리는 걸 추천한다.

그림 32 2개의 창을 가진 방

그림 33 하나의 창을 가진 방

그림 34 마루   그림 35 회의실

 다과를 즐길 수 있는 장소는 전통 한옥인데 안에 마루와 방 3개가 있는 데 제일 인기 많은 방은 창이 두 개로 대각선을 이루는 곳이고 두 번째는 창이 하나가 나 있는 곳, 그 다음은 마루, 제일 인기 없는 곳은 회의실 같은 방이다.
 나는 한 시간 정도 일찍 갔더니 일등으로 도착해서 원하는 방을 얻을 수 있었다. 다과가 나오면 직원 분이 차례차례 설명 해 주시고 나중에 다시 다과에 대해 궁금하면 다과상에 같이 나온 차례표를 표면 QR 코드가 있는데 그걸 찍으면 설명해주는 인터넷 창이 나온다.

그림 36 중정

나는 도착해서 결제 한 다음 기다리면서 고호재의 집 곳곳을 둘러보았는데 정말 한옥이 아름답고 같은 서울이 맞나 싶게 그 공간 안에 있으면 완전 다른 세계에 와있는 것 같았다. 날씨도 화창해 더욱 좋았는데 메인 건물인 곳은 크고 웅장했으며 겉은 전통 한옥인데 내부는 조금 리모델링해서 전통과 현대가 어우르는 게 그거 나름대로 멋있었다. 그리고 보통 행사나 프로그램, 전통혼례를 치른다는 중정으로 나와봤는 데 중정을 중심으로 위에는 큰 천막이 휘날리고 있고 그 주변으로 사각형 모양으로 둘러싼 한옥 기와들이 정말 장관이었다.

그림 37 연못

거기다가 한 건물 옆에는 조그마한 연못이 있었는데 거기에 금붕어들이 헤엄치고 있었다. 정말 이런 요소들이 한 데 어우러져 내가 지금 조선시대에 온 것 같은 느낌이 들었고 조선시대에 잔치를 했으면 이런 곳에서 했겠구나 생각이 들었다.

다시 본론으로 들어와 내가 예약한 시간이 다 되자 직원분이 와서 같은 타임 사람들을 다 데리고 오늘의 목적지인 다과상을 받을 수 있는 장소로 이동했다.

이 건물은 아까 그 중정을 지나 위로 올라가는 계단을 걸어 조금만가면 나오는 데 정말 예뻤다. 계단을 올라가면서 본 것들인데 내 생각엔 옛날에 마을마다 마을 입구를 지키는 의미로 세운 그 장식들 아닌가 생각이 든다.

그림 38
나무 조각 장승들

그림 39
고호재 외관

그림 40
밑으로 내려다보이는 풍경

우선 건물 자체가 너무 예쁜 한옥 건물이었고 왜 사람들이 여기 와서 다과상 체험을 하는 지 알 거 같았다.

그림 41 소개해주시는 직원

한 명씩 들어가는데 내가 제일 먼저 와서 제일 먼저 들어가 자리를 정했다. 그렇게 순서대로 들어간 사람이 자리를 정하면 그 다음에 다음 사람을 불러 안으로 들어오게 하는 시스템이었다. 이렇게 체계적인 건 정말 좋다고 생각했다. 앉자마자 다과상이 바로 나오는데 다과상 상 찍느라 정신없었다.

즐거울 락, 식도락~ 프랑스의 디저트와 배달문화   47

그림 42 메뉴판　　그림 43 풍경과 다과상　　그림 44 다과상

오늘 내가 먹은 메뉴들이다. 왼쪽부터 차례대로 주악과, 유자과편, 그리고 동그란 접시에 담긴 것은 호두 곶감 말이, 율란, 산딸기정과, 위에 떡 같은 게 사과단자, 단자 밑에 사과 모양의 말린 것은 홍옥정과이다. 차는 녹차를 블렌딩해 국화를 넣어 국화의 향을 더한 차이다.

그림 45 주악과　　그림 46 유자과편

먼저 주악과를 먹어보았을 때 식감은 우리가 흔히 아는 약과보다는 생각보다 단단했다. 맛은 약과보다는 좀 덜 달고 잘 튀겨져 고소함도 느껴졌다.

다음으로 유자과편은 젤리의 식감보다는 덜 탱탱하고 잘 으스러졌다. 우리가 흔히 아는 젤리의 식감은 아니었다. 그리고 유자과편에서 유자의 향이 은은하게 나는 점은 좋았다.

그림 47 율란, 호두정과

그림 48 산딸기, 사과단자

맨 위에 밤 같이 생긴 게 율란이다. 율란이란 앞에서도 얘기했지만 밤을 으깨 다시 밤 모양을 만든 것이고 밑에 가루 묻힌 것은 계피가루이다. 율란과 비슷하다고 할 수 있는 프랑스의 디저트를 떠올려보자면 마카롱이 아닐까 생각이 든다. 왜냐하면 율란에서 밤을 으깨 뭉치는 작업이 마카롱의 아몬드 가루를 뭉쳐서 반죽하는 점과 비슷하기 때문이다. 아니면 밤을 이용한 디저트인 점을 고려해 밤으로 크림을 만들어 올린 몽블랑과 유사하지 않나 생각이 들기도 한다. 율란의 맛은 정말 밤을 쪘을 때 고유의 맛이 잘 느껴졌고 거기다가 계피의 향이 더해져 밤의 맛과 잘 어울려졌다. 하지만 계피의 향이 너무 세서 그런지 밤의 맛을 좀 잡아먹는 것 같기도 했다. 그리고 안에 견과류를 조금 넣은 듯한데 견과류가 오독오독 씹혀 식감도 재밌었고 고소함까지 더해줬다. 밤 외에 다른 달달한 거나 추가재료를 넣지 않아서 그런지 많이 달지 않았고 밤 고유의 맛이 잘 느껴졌다.

　다음으로 호두 곶감 말이는 우리가 잘 아는 맛이고 상상할 수 있는 맛이다. 말 그대로 곶감 안에 호두를 말아 넣어 각각의 맛도 잘 느껴지고 동시에 각각의 맛이 하나로 어우러져 좋았다. 호두의 식감과 곶감의 단맛이 합쳐져 너무 달지 않고 곶감 특유의 단맛이 돌면서 씹는 식감 까지 더해 아주 좋았다. 프랑스에서 감과 비슷하다고 볼 수 있는 과일에는 카키라는 것이 있다. 감처럼 주황색이며 위에 꼭지가 달려있어 모양이 매우 흡사하다.

　옆에 있는 떡은 사과단자로 우리가 흔히 아는 콩고물을 묻힌 떡 맛이었다, 콩고물의 고소함이 느껴지며 떡의 몰캉한 식감과 함께 속은 백앙금으로 채운 듯 했다. 여기에 사과의 향이 떡에 은은하게 나서 좋았고 약간의 단맛을 내준다.

　다음으로 떡 밑에 깔려있는 것은 홍옥정과로 홍옥을 얇게 썰어 말려 사과 모양을 낸 것이다. 이것은 조금 질겼으며 좀 많이 달았다. 우리나라처럼 프랑스에서도 여러 과일들을 건조해 간식으로 많이 즐기기도 한다.

　위에 체리 모양으로 있는 것은 산딸기 정과인데 산딸기에 설탕을 묻혀 살짝 말린 다음 꽂이에 연달아 꿰어 만든 것이다. 프랑스 사람들에게 산딸기란 좀 생소하게 느껴질 수도 있는데 비슷하다고 여길 수 있는 건 아무래도 베리류이지 않을까 싶다. 프랑스 사람들은 디저트를 만들 때 베리를 이용해 잼을 만들어 넣거나 베리와 크림을 섞어 집어넣기도 하는 데 그 맛과 비슷하다고 볼 수 있다. 또는 프랑스어로 콤포트라고 불리는 것과 유사한 데 콤포트란 설탕에 절인 과일을 뜻한다. 이것도 무지 달았고 산딸기 맛이 진하게 났다.

　마지막으로 차는 다과와 정말 잘 어울렸다. 다과들이 단 것들이 있었는데 이 차와 함께 마시면 속도 가라앉혀주고 단 다과들이랑 먹기 딱 좋았다. 국화의 향이 은은하게 나면서 따뜻한 차와 함께 곁들이니 정말 환상궁합이었다. 우리나라 전통 다과들은 보통 차와 즐기는 반면 프랑스에서는 디저트를 보통 커피와 같이 즐긴다. 달달한 다과들을 쌉싸름하고 따듯한 차와 즐기듯이 단 디저트들을 쓴 커피와 즐기면 정말 환상궁합이다.

다과를 다 즐기고 주위도 둘러보다 보니 어느덧 해가 뉘엿뉘엿 지고 있었다. 그래서 사진을 좀 더 찍으면서 해가 지며 한옥에 불이 켜지는 것까지 보고 돌아왔다. 여기 야경이 또 그렇게 좋다고 한다.

프랑스 전통 디저트

다음으로 이제 프랑스로 넘어가보자.

프랑스에는 각각의 디저트들에 대한 이야기들이 있다. 워낙 디저트들이 많고 그 유래들이 길다보니 이번엔 내가 직접 가서 먹어본 디저트들 위주로 말해보겠다.

이번에 다녀온 곳은 프랑스 성탄절 전통장터이다. 이 장터에서는 유럽의 크리스마스 장터에서 볼 수 있는 모든 맛있는 음식들과 독창적이고 장인 정신이 가득한 선물용 제품을 만나볼 수 있다. 이 장터가 열리는 장소가 아주 작은 공원이기에 '여유롭게 둘러보고 올 수 있겠다'라고 생각했다. 하지만 이것은 아주 큰 착각이었다.

그림 49 많은 사람들

그림 50 품절된 음식들

즐거울 락, 식도락~ 프랑스의 디저트와 배달문화

사람이 많아도 너무 많은 것이었다. 주말이기도 하고 난 이 장터가 그렇게 유명한 지도 몰랐다. 한국인도 있고 프랑스어를 쓰는 외국인이 대다수에 영어를 쓰는 외국인들도 있었다. 가족끼리 나온 사람들도 있고 친구 혹은 연인과 찾은 사람들도 있었다. 음식을 파는 곳에는 사람들이 줄을 아주 길게 서있었고 장소 자체가 워낙 협소해서 많은 사람들을 담기에는 부족했다. 그래서 정말 좁은 공원 안에 발 디딜 틈도 없었고 물건 진열되어 있는 것도 잘 안 보일 정도였다.

그래도 이왕 왔으니 디저트를 먹어보자 하고 둘러봤는데 몇몇 제품은 품절이었고 음식을 파는 곳은 다 줄을 너무 길게 서 있어서 난 한 곳만 줄서서 먹어보았다.

내가 줄을 선 곳은 제일 줄이 길었던 크레페 집이었다. 크레페는 유럽에서 즐겨먹는 디저트 중 하나인데 여기서 크레페에 대해 좀 알아보자면 크레페는 얇게 구운 팬케이크의 일종으로 프랑스를 대표하는 요리이다. 인터넷 자료에 따르면[29] 크레페는 프랑스어로 '둥글게 말다'라는 뜻의 라틴어에서 유래했고 주재료는 곡물가루, 달걀, 우유, 버터와 소금이다. 여기에 안에 재료를 무엇을 넣느냐에 따라 식사가 될 수도 있고 디저트가 될 수도 있다. 크레페의 기원은 프랑스 북서부의 브르타뉴 지역에서 시작해 프랑스 각지로 퍼져나간 것이다. 애초에 크레페를 만든 이유는 밀이 충분하지 않았기에 곡물가루로 만든 것이다. 크레페는 전통적으로 프랑스에서 2월 2일 성촉절에 먹는다.

내가 줄을 선집은 이 집이며, 메뉴는 이러하다.

그림 51 크레페 집

그림 52 메뉴

그림 53 파는 물건들

그림 54 누텔라 바나나 크레페

    그리고 크레페 외에도 잼이나 음료들도 같이 팔고 있었다. 대략 1시간 줄을 서서 크레페를 받았는데 거의 몇 초 만에 해치운 것 같다. 앞줄에 서있었을 때 크레페가 이제 100장 정도밖에 안 남았다고 주인이 손님들에게 알렸는데 좀만 더 늦게 섰으면 못 샀을 뻔 했다.

    크레페의 맛은 뭐 일반적으로 우리가 아는 맛인데 반죽 자체는 되게 푹신했다. 안에는 누텔라와 바나나가 있었으며 누텔라와 바나나 조합 자체는 맛이 없을 수가 없었다. 그리고 다른 집의 크레페를 먹었을 때는 내용물이 많아서 조금 무거운 느낌이 있었는데 여긴 심플해서 반죽의 맛을 더 잘 느낄 수 있어 좋았고 가볍게 먹기 좋았다. 무엇보다 반죽이 정말 부드러웠고 다른 집은 바삭했던 것과는 달리 폭신폭신한 느낌이 색다르게 좋았다. 정말 집에서 구운 크레페를 먹는 느낌이었다. 그런데 솔직히 한 시간 줄 서서 먹을 정도는 아닌 것 같다.

그림 55 와인

그림 56 도자기

그림 57 동화책

장터에는 음식들뿐만 아니라 다양한 물건들을 팔았는데 와인도 팔고 우리나라 전통 도자기들도 팔고 프랑스 동화책들도 팔고 있었다.

그 외에 여러 아기자기한 소품들도 팔고 크리스마스 소품들도 팔았다. 그리고 장터에서 산타 복장을 한 사람이 아이들과 사진 찍어주는 행사도 진행하고 있었다. 여기서 크레페 하나만 먹고 가기는 그래서 근처에 있던 유명한 프랑스식 디저트를 파는 카페에 가서 디저트 한 개를 포장해 집으로 돌아왔다.

그림 58 가게 이름

그림 59 가게 외관

그림 60 메뉴판

　디저트 가게의 이름은 오뗄 두스이며 블루리본도 여러 개 받고 서래마을에서 손꼽히는 프랑스 전통 디저트를 파는 곳 중 하나이다.
　여기서 산 디저트는 프랑스의 대표적인 디저트인 에끌레르이다. 이 날 가게에도 사람이 엄청 많아서 제품이 거의 안 남아있었는데 다행히 대표 메뉴인 피스타치오 에끌레르가 남아 있어서 사와 봤다.
　여기서 에끌레어에 대해 잠시 알아보자면 인터넷 자료에 의하면[30] 19세기 앙토냉 카렘이라는 파티시에가 처음 만들었다고 알려진다. 1822년 퐁당(설탕과 물을 섞어 걸쭉하게 만든 것)의 존재가 발견된 뒤 탄생한 디저트로 프랑스어로 번개라는 뜻을 가진다.

그림 61 에끌레르

그림 62 파리브레스트

즐거울 락, 식도락~ 프랑스의 디저트와 배달문화

그림 63 피스타치오 에끌레르

　반죽은 슈의 맛과 질감이었고 안에 크림은 너무 달지 않으면서 맛있었다. 솔직히 피스타치오 맛은 그렇게 많이 나지는 않았지만 크림 자체가 고소하며 크림이 많음에도 물리지 않고 맛있게 먹었다. 그만큼 은은하게 달면서 고소한 맛이 더해져 고급스러운 맛이 난 것 같다.

　디저트의 본고장인 프랑스에서 직접 먹어보진 못해서 한국에서 찾은 프랑스 디저트가 그 맛이 나는지는 모르겠지만 그래도 나름 유명하다는 곳을 찾아 먹어보았는데 프랑스의 디저트들은 정말 고급지게 보이고 눈으로 보는 즐거움도 주는 것 같았다. 맛도 너무 달기만 하지 않고 기분 좋게 마무리를 할 수 있는 느낌이었다.

퓨전 디저트

　마지막으로 이제 전통적인 거 말고 퓨전으로 가보자. 한국에서 한국 디저트를 퓨전으로 파는 곳 중에 하나를 꼽으라면 설빙을 예로 들 수 있다. 설빙은 우리나라 토종 브랜드이며 설빙의 처음 시작은 놀랍게도 빙수가 아니었다. 우리나라를 대표하는 전통 떡인 인절미를 이용한 토스트였다. 인터넷 자료[31]에 따르면, 설빙의 사장은 설빙을 설립하기 전 '시루' 라는 이름의 떡 카페를 창업했다. 이후 인절미 설빙, 인절미 허니

브레드와 같은 메뉴들을 출시했고 점차 인기가 많아지며 설빙이라는 브랜드를 탄생시킨 것이다. 즉, 우리나라 전통 디저트를 가지고 좀 더 대중적이고 요즘 트렌드에 맞게 변형해서 만든 제품들을 출시하는 매장인 것이다. 이 이후로 설빙은 다양한 빙수들을 선보였고 빙수와 곁들어 먹을 디저트들도 많이 출시하기 시작했다. 그 디저트들 중 몇 개는 우리나라 전통 디저트와 콜라보해 출시한 것들이 있는 데 대표적으로 인절미 크로플, 가래떡구이가 있다. 요새는 우리나라 길거리 음식들의 대명사인 호떡, 국화빵, 붕어빵 등을 설빙에서도 만나 볼 수 있다.

여기서 제일 대표메뉴인 인절미 토스트를 보면 우리나라 전통 디저트인 인절미 떡과 서양 음식인 토스트를 합쳐 만든 음식이다.

예로부터 인절미를 종종 구워먹기도 했는데 여기에 빵을 합칠 생각을 하다니 정말 기발한 것 같다. 그 외에도 인절미를 이용한 다양한 디저트들이 많은데 정말 인절미는 어디에 넣어도 다 맛있는 것 같다. 설빙에서 파는 인절미 호떡을 보면 예전에 봤던 예능 프로그램이 떠오른다. '윤식당'이라는 프로그램을 보면 스페인에 작은 가게를 내어 우리나라 한식과 디저트를 외국인들에게 선보이는 프로그램인데 거기서 우리나라 길거리 디저트인 호떡을 외국인들에게 어떻게 하면 좀 더 잘 소개될 수 있을까 고민하다가 우리는 길거리에서 그냥 손에 들고 먹은 호떡을 여기서는 예쁜 접시에 담아 그 위에 콩가루와 바닐라 아이스크림, 초코시럽 등을 얹어 하나의 고급스러운 디저트로 선보여졌다. 이런 것을 보면 한국 디저트가 서양식 코스요리 디저트의 특징과 접목해 퓨전식 으로 제공되는 걸 알 수 있다. 설빙에서 인절미 호떡을 보고 예전에 티비에서 봤던 것이 떠올라 신기하고 반가웠다.

그림 64 인절미 토스트

　이번엔 설빙에 가서 대표 메뉴인 인절미 토스트를 먹어봤는데 왜 인기가 많은 지 새삼 한 번 더 알게 된 거 같다. 빵을 바삭하게 굽고 그 사이에 쫀득한 인절미를 넣어 함께 구워 낸 다음 위에 고소한 콩가루와 연유를 뿌려주니 정말 고소 달달하니 맛있었다. 프랑스에서도 빵을 이용한 요리나 디저트들이 많은데 아무래도 프랑스는 빵이 주식이다 보니 시간이 좀 지나 딱딱해져버린 남은 빵들을 처리하기 위한 방법이 필요했다. 그래서 남은 빵들을 활용해 만든 음식 중 하나가 프렌치토스트이다. 프렌치토스트는 계란물과 우유에 적셔 빵을 좀 부드럽게 구워 준 다음 맛있게 구워 위에 시럽이나 여러 부재료들을 얹어 먹는 데 빵을 구워 위에 토핑들을 얹은 점이 인절미토스트와 조금 비슷한 것 같다. 여기에 인절미란 우리나라 전통 떡과 매치해 새로운 음식을 탄생시킨 것이다. 이렇게 기존에 있던 메뉴에서 여러 방면으로 조금씩 바꿔주거나 새로운 재료들을 추가하면 신박하고 맛있는 메뉴가 탄생 할 수도 있다는 것이 정말 재밌고 신기한 것 같다.

제2장. 배달 문화

집에서 쉽게~ 맛있는 음식을 즐기기

이제 배달문화로 넘어가보자. 먼저 우리나라의 배달문화에 대해 알아보기 위해 시간을 거슬러 올라가 언제부터 배달이라는 게 시작됐고 어떻게 성장 해 왔는지에 얘기해보자.

놀랍게도 우리나라의 배달의 시초라 할 수 있는 시점이 조선시대이다. 인터넷 자료[32]에 따르면 1768년 냉면과 해장국을 배달하는 것이 시초였다고 한다. 그 후 새벽을 알리는 종이 울릴 때 먹는 국이라는 뜻의 효종갱을 배달하였는데 당시 통행금지였던 시기에 사대부 양반들이 밤새 음주를 즐기며 먹기 위해 경기도 광주에서 밤새 끓여 배달하기도 했다. 그리고 1906년 당시 신문인 만세보를 보면 배달을 한 것을 알 수 있다. 최초의 조선 음식점인 명월관에서는 거리 상관없이 행사나 혼례 등에 필요한 음식들을 상 차려서 가겠다는 광고를 게시한 걸 알 수 있다. 이후 1930년대부터 점점 더 배달문화가 확산되어갔다. 배달 수단도 변화했는데 처음에는 사람이 직접 걸어가서 배달했다면 점차 자전거 - 오토바이로 더 빠르고 신속하게 배달 할 수 있게 되었다. 1980년대에 들어서 아파트가 세워지고 아파트 단지 곳곳에 배달 음식점이 들어서면서 본격적으로 우리나라 배달음식의 시대가 열렸다. 내가 어렸을 때 기억으론 배달 전단지나 배달책자가 매달 아파트 우편물에 꽂혀있었고 그걸 통해서 전화로 배달 주문을 했던 것 같다. 그러다가 20대가 되면서 현재 유명한 쿠팡이츠, 요기요, 배달의 민족 어플이 출시했고 점점 성장세를 이루다가 코로나시기를 거치면서 정점을 찍었다. 코로나 시대에는 정말로 배달의 메카라 블릴 정도로 배달시장이 활발했다. 우리나라가 다른 나라에 비해 더 빨리 성장할 수 있었던 배경에는 우선 지리적으로 좁은 인구밀도와 인구대비 많은 음식점들이 한 요소가 될 수 있다. 또한 주거양식으로는 우리나라는 아파트와 더불어 다가구 주택이 많아 그 주변 음식점들 간의 치열한 경쟁 끝에 좋은 서비스 제공을 위해 맛있는 음식을 집에서도 즐길 수 있게 하는 전략을 세워 배달 서비스가 대거 늘어나게 되었다. 그리고 또 다른 요소로는 인건비가 싸기 때문이다.

여기서 이제 우리나라를 대표하는 배달 어플이 어떻게 시작하였고 우리나라를 대표하는 배달 어플로 자리 매김 할 수 있었던 이유에 대해 한 번 알아보자.

먼저 배달의 민족을 살펴보면 인터넷 자료[33]에 따르면 처음에 전단지를 애플리케이션으로 옮긴 형태였다. 초창기에 김 봉 진 대표는 아파트와 구청 재활용 센터를 돌아다니며 전단지를 모았고 거기서 데이터를 수집했다. 그렇게 점점 네이버보다 음식 정보가 많다는 소문이 돌았고 입소문이 나기 시작하면서 성장하기 시작했다. 여기다가 배달의 민족 서비스에 의구심을 가지는 자영업자를 위해 콜멘트 기술을 개발했고 이를 통해 여러 유로 광고 업체들이 배민에 광고 신청하게 된다. 여기서 콜멘트란 전단지에 적힌 가상번호를 통해 주문하게 되면 배달의 민족을 통한 전화입니다 라는 멘트가 자동적으로 흘러나오는 것을 뜻한다. 하지만 이 당시 아직 배달앱은 활성화되지 않았고 수익은 점차 올라갔지만 브랜드 인지도가 떨어졌다.

여기서 배민이 활용한 전략은 차별화된 브랜딩 전략, 티비 광고이다. 우선 브랜딩 전략은 배민문방구라는 PB 브랜드를 이용해 여러 재미있는 문구를 넣은 굿즈들을 출시해 사람들에게 각인시켜줬다. 그리고 유명한 티비 광고인 우리가 어떤 민족입니까~ 라는 멘트로 시작해 많은 사람들에게 강한 인식을 남겨줬다. 그 뒤로 다양한 광고를 통해 배달의 민족이 어떤 어플 인지와 배달의 민족만의 특색 있는 배달 방식 등을 널리 알렸다. 이렇게 점차 사람들에게 알려지고 점차 우리나라를 대표하는 배달 어플로 자리매김하였으며 코로나 시기에 엄청난 수익을 거두어들였다.

다음으로 쿠팡이츠는 어떻게 보면 후발주자인데 단숨에 우리나라를 대표하는 배달 어플로 자리매김했다. 인터넷 자료[34]를 보면 쿠팡이츠는 2019년에 서비스를 시작했고 로켓배송이라는 파격적인 서비스를 내세우며 사람들의 관심을 끌었다. 그리고 다른 배달 어플과 제일 차별점을 두었던 것은 한 집에 한 배달만 간다는 것이었다. 하지만 점차 최소 배달 주문료도 올리고 무료배달도 없애면서 점차 다른 배달 어플과 차이점이 사라졌다.

이제 프랑스 배달로 넘어가보자. 프랑스에서의 배달은 우리나라와 달리 시작한 지 얼마 안 되었다. 2010년 초반까지만 해도 서양권 사람들에게 우리나라의 배달문화는 정말 신기하고 생소한 것이었다. 우리나라는 뭐든지 빠르고 신속하게 처리하는 문화인 반면 프랑스는 음식에서도 정해진 코스에 따라 길게 식사를 하는 문화가 뿌리 깊게 자리잡고 있었다. 하지만 최근 들어 바쁜 일상을 보내는 사람들이 늘어남에 따라 프랑스에서도 간편식 및 배달 음식에 대한 수요가 점차 늘어났다. 거기다가 코로나도 한 몫을 하였다. 콧대 높은 레스토랑들도 코로나 동안 사람들이 외식을 안 하게 되자 점차 어려워졌고 결국 배달에 뛰어들게 된 것이다.

인터넷 기사[35]에 의하면 코로나 19로 인해 프랑스 외식업계가 88억 유로 가량 손실을 봤다고 한다. 이동 제한령 이후 모든 식당과 카페들이 휴업에 들어갔고 언제 재영업을 할 수 있는지 가늠조차 할 수 없는 상황이었다. 이 때 유일하게 영업을 이어갈 수 있는 방법이 배달이나 테이크아웃 이였다. 그래서 점차 많은 음식점들이 전문 음식 배달 플랫폼이나 식당 자체 배달 서비스를 이용해 영업을 이어나갔고 나중에는 49프로의 식당들이 영업을 재개했다. 이런 배경 때문에 프랑스는 배달을 비롯해 식재료 배송, 음식의 검색 및 추천을 포함한 FoodTech가 발전하기 시작했다.

인터넷 자료[36]에 따르면 아무래도 땅덩어리가 작은 우리나라는 배달 업체들이 전국에 퍼져있지만 즉 한 나라를 기준으로 배달이 분포되어 있는 반면 프랑스 배달 업체들은 현지 기업이 아닌 유럽 국가에서 설립되어 유럽 전역을 무대로 활동하고 있다.

그리고 프랑스의 배달과 우리나라의 배달 음식에서도 큰 차이를 두고 있는 데 프랑스는 미식의 나라인 만큼 비싼 미슐랭 음식을 집에서 즐길 수도 있고 빵이 주식인 만큼 빵 배달도 발달해있다. 우리나라에서는 간편하게는 짜장면, 햄버거, 피자 등을 많이 배달시켜먹고 요즘에는 더욱 다양해져서 대부분의 음식들을 배달해먹을 수 있다. 프랑스에서도 미슐랭 음식이나 빵 뿐만 아니라 간편하게 즐길 수 있는 음식들도 배달에서 인기메뉴이다.

프랑스에서 제일 인기 있는 배달 어플은 딜리버루, 우버이츠, 저스트 잇 등이 있다. 인터넷 자료[37]에 따르면 저스트 잇은 회사에서 지원하는 식권을 사용 할 수 있기 때문에 직장인들이 많이 사용한다. 딜리버루는 우리나라 배달의 민족과 비슷하다고 보면 된다. 배달의 민족처럼 배달원들이 유니폼을 입고 백팩을 매고 배달하거나 딜리버루 로고가 박힌 오토바이를 타고 일한다. 딜리버루는 윌리엄 슈라는 사람이 2013년에 창업한 곳이다. 처음엔 주변에서 배달 관련 일을 하는 것을 만류했고 그 당시 유럽에는 배달이 정착되기 전이라 많은 시행착오가 있었다. 초창기에는 직접 배달을 하기도 했다. 그렇게 어려운 시기를 지나 영국에서 시작했던 사업은 전 유럽으로 뻗쳐나갔다. 딜리버루는 배민과는 다르게 음식 배달 대행이다. 배민은 주문 및 결제 대행도 하지만 딜리버루는 식당과 소비자 사이의 중간다리 역할을 한다.

딜리버루도 사람들에게 배달 업체란 딜리버루라는 인식을 심어주기 위해 한 재미있는 마케팅이 여러 가지 있는 데 먼저 딜리버루라는 이름을 알리기 위해 딜리버루 이름에 들어가 있는 캥거루 옷을 입고 각 도시를 돌아다니며 로고가 적힌 펜이나 노트 등을 사람들에게 나눠준다. 다음으로 2016년 6월에는 런던의 혹스턴 스퀘어에 정원을 만들고 사람들을 초청해 나들이 온 기분을 느낄 수 있게 해주었다, 여기서 음료 및 주류 브랜드와 파트너쉽을 맺어 고객들에게 무료로 제공 해줬는데 이를 통해 고객의 감성을 건드리면서 파트너쉽들 입장에서도 좋은 기회로 자리 잡았다.

여기에 더불어 우리나라 공유주방처럼 딜리버루도 이동식 부엌인 '루박스'를 만들어 오픈했다. 여기도 여러 주방들이 모여 음식을 만들어 배달 나가는 형식이다. 실질적인 가게는 없지만 주방만 있는 셈인 것이다. 그래서 한 가게에서 같이 팔 수 없는 메뉴들을 한번에 같이 팔기도 한다. 예를 들어 스시, 햄버거, 카레를 한 곳에서 시킬 수 있는 것이다.

인터넷 자료[38]에 따르면 우버이츠는 우리나라에도 들어와 있다. 하지만 이미 철수 한 지 오래이다. 왜냐하면 우버이츠는 처음에 맛집 배달앱으로 들어왔다. 배민의 배민 라이더스, 요기요의 요기요 플러스처럼 일반 배달앱과 차별화된 진짜 맛집을 배달해주는 것이다. 하지만 배달 어플간의 경쟁이 치열해지면서 나중에는 맛집 배달앱과 배달앱의 경계가 무너졌다. 그래서 배민이나 요기요에서도 맛집배달류 플랫폼에서 지역의 유명한 음식점이나 특별하거나 유일한 음식점이 아닌 프랜차이즈나 평범한 집들이 들어오기 시작했고 결국 우버이츠의 차별점은 사라지고 말았다. 계속 적자를 보던 우버이츠는 결국 한국에서 철수를 결정한 것이다.

반면 프랑스에서는 우버이츠가 활성화되어있다. 프랑스에서 배달 어플이라고 하면 떠오를 만큼 자리도 잡았다. 인터넷 기사에 따르면 우버이츠는 유럽 최대 소매기업인 까르푸와 손잡고 식료품 15분 배달을 시작했다고 보도한다. 이전에 이미 까르푸와 손잡고 30분 배송을 했는데 이번에 까르푸는 다크 스토어를 기반으로 서비스를 제공한다. 다크 스토어란 고객에게 공개되지 않고 주문 받은 식료품 배달을 준비하는 매장을 뜻하는 말이고 이 서비스는 오직 우버이츠 어플을 통해서만 제공된다.

배달은 항상 관련 이슈들이 꾸준히 나오고 있다. 일단 배달시장에서 배달 어플과 자영업자, 배달원들 이 삼각관계는 뗄 수가 없다. 그래서 항상 이들 사이에서 여러 가지 문제점들이 발생한다. 우리나라와 프랑스 배달에 어떤 이슈들이 있는 지 한 번 알아보자.

우선 우리나라에는 어떤 문제들이 있는지 한 번 살펴보자. 뉴스[39]에 따르면 코로나 19로 인해 배달 시장이 커지고 매출이 늘었지만 정작 매번 적자를 내고 있다고 기록한다. 그 이유로 단건 배달을 들고 있는데 즉 배달비가 너무 많이 지출되는 것이다. 이 싸움에 불을 붙인 건 쿠팡이츠인데 앞서 말했듯이 쿠팡이츠는 뒤늦게 시작한 후발주자이다. 후발주자임에도 순식간에 배민과 견줄만한 세력을 키운 건 단건 배달에 승부를 걸었기 때문이다. 그래서 처음에 쿠팡이츠가 내민 단건 배달 계약 조건은 수수료 15프로 + 배달비 6천원이었지만 수수료 1천원 + 5천원 프로모션을 내세웠다. 처음에 3개월만 하려던 프로모션은 2년 넘게 유지됐다. 쿠팡이츠가 빠르게 치고 올라오자 배민도 이에 대항할 배민1을 내세웠는데 배민1 이 내세운 건 수수료 1천원 + 5천원이었다. 여기다가 코로나 때문에 배달 수요가 급격하게 증가하자 쿠팡이츠와 배민은 배달원을 확보하기에 바빴다. 특히 쿠팡이츠는 단건 배달에 승부를 걸었기에 배달원 확보가 제일 중요했는데 이 결과 경쟁이 너무 치열해지고 배달비도 점점 비싸지면서 결국 매출은 늘었지만 매년 적자가 나는 것이었다. 그래서 결국 수수료 개편에 들어갔는데 여기에서 또 말이 나왔다.

배민과 쿠팡이츠 측에서는 처음 조건보다는 수수료가 낮아진 것이라고 주장하고 업주들은 독과점의 횡포라며 반발했다. 이 문제들은 앞으로 전망에 따라 판도가 달라질 것으로 보인다.

다음으로 프랑스에서는 배달 관련해서 어떤 문제점들이 있는지 살펴보자. 프랑스에서는 배달 라이더들의 노동자 지위를 인정 해주느냐 아니냐에 논쟁이 있다. 이 일로 여러 재판들이 있었는데 한 뉴스[40]에 따르면 드디어 딜리버루의 배달 라이더들이 노동자 지위를 인정받았다고 나온다. 딜리버루는 2015년과 2017년 사이 배달원을 노동자로 등록하지 않고 사회보장비, 급여세 등을 의도적으로 내지 않았음으로 배상해야 한다고 노동조합은 주장했고 법원은 노동조합에 각 5만 유로를 지급해야 한다고 판결을 내렸다. 이렇게 노동자의 지위를 주냐 마냐로 계속 싸웠는데 딜리버루는 배달원들은 자기 맘대로 어디서 일할지 정하고 들어오는 주문을 거부할 수 있는 사람이 직원인가 라며 반박했고 노동자들은 회사 측에서 여러 가지의 감시 행동과 처벌을 주는 점을 들어 실질적으로 종속관계가 성립되므로 노동자 지위를 갖게 된다고 주장했다. 이 논쟁들이 더욱 크게 부각되는 것은 프랑스에서는 노동자이면 노동법의 보포를 받으며 여러 혜택을 받을 수 있지만 노동자가 아니면 아무것도 없을 수 없기 때문이다. 정말 극단적이며 진짜 모 아니면 도라고 할 수 있겠다. 딜리버루 뿐만 아니라 여러 플랫폼 회사들도 이 문제로 계속 싸우고 있으며 유럽연합 집행위원회에서 노동자를 보호하기 위해 제도 정비를 나서자 철수 카드를 내밀기도 했다.

한국에서는 배달이 급증하자 배달원 모시기에 난리이고 프랑스에서는 배달원들의 지위를 보장해줘야 한다고 난리이니 같은 배달원이지만 처지와 상황이 이렇게 다를 수 있다는 게 놀랍다. 이것은 아마도 나라마다 정책이나 상황이 다르기에 그런 것이 아닐까 싶다. 우리나라는 노동자 지위가 없어도 돈도 잘 벌고 보호를 받을 수 있지만 프랑스는 노동자 지위가 없으면 아무 혜택도 못 받기 때문이다. 소비자의 입장에서는 경쟁이 치열해질수록 그 사이에서 더 좋은 혜택을 주는 곳을 골라 사용하면 되니 편하지만 이 경쟁이 너무 치열해지면 문제가 되니 뭐든 적당한 것이 좋다는 생각이 든다. 그리고 프랑스에서도 이제 배달이 많이 보편화되고 점점 더 인기가 많아질 텐데 어서 빨리 이 논쟁이 끝나고 배달원들도 보장받는 환경에서 서로 이득이 되는 배달 환경이 되었으면 좋겠다는 생각이 든다.

이번에 한국과 프랑스의 디저트와 배달문화에 대해 좀 더 자세히 알아보았는데 음식에서 주는 즐거움으로 시작해서 서로 비슷한 듯 다른 한국과 프랑스의 디저트 특징들과 내용들을 살펴보았으며 끝으로 그 즐거움을 집으로 가져다주는 배달에 대해서 알아보았다. 이를 통해 유익하고 즐거운 이야기들을 담아갔으면 좋겠다.

찾았다, 프랑스! - MZ세대가 바라보는 프랑스-한국

한국인이 사랑하는 프랑스 명품과 그 역사

김유경

'Bichon Frisé'는 내가 제일 좋아하는 강아지 품종 이면서 현재 키우고 있는 품종이다. 그래서인지 나와 가장 가까이 있는 프랑스라는 느낌이 들고 이 단어조차도 되게 귀엽다는 느낌이 든다.

한국인이 사랑하는 프랑스 명품과 그 역사

··· 김유경 ···

한국인들은 왜 명품에 열광하는가?

명품을 싫어하는 한국인이 과연 있을까? 있을 수도 있겠지만, 웬만하면 모두 명품을 좋아할 것이다. 30대, 40대 뿐만 아니라 10대, 20대들도 명품 가방 하나씩은 있어야 자신을 더욱 뽐낼 수 있는 분위기가 요즘 사회에 형성되어 있다. 유행이 매년 빠르게 변화는 한국 특성상 명품의 유행도 변하여 올해 산 명품 가방은 옷장 속으로 들어가 다음 해엔 안 쓰게 되는 경우도 있다.

내가 지금 당장 생각해 보았을 때, 한국인들이 선호하는 것 같은 명품들을 나열해 보겠다. 샤넬, 프라다, 디올, 구찌 정도가 생각이 난다. 한국인들은 샤넬 신상 가방을 사기 위해 매장 오픈 전부터 줄까지 서는 기사를 다들 한번쯤은 본 적이 있을 것이다. 그 비싼 가방을 사기 위해 줄까지 서는걸 보고 이런 생각이 들었다. 한국엔 부자들만 사는 걸까? 아닐 것이다. 부자가 아니어도 그것을 사기위한 돈은 어떻게든 마련하는 게 아닐까?

명품 가방뿐만 아니라, 명품 사 들의 쇼핑백도 중고 사이트에서 생각보다 높은 가격에 팔린다고 한다. 그 쇼핑백을 들고 밖에 나갔을 때, 사람들이 그 명품의 물건을 갖고 있다고 생각하게 만들고 싶기 때문일까. 이렇듯, 도대체 왜 한국인들은 명품에 열광하는 걸까?

나는 내 주변 사람들도 명품에 이토록 열광하는지 궁금해져서 친구들에게 물어보았다. 내 주변에서는 그렇게 명품을 많이 들고 다니거나 사는 모습을 본 기억이 별로 없어서 가까운 사람 중에서도 이러한 사례가 있는지 궁금해 졌기 때문이다. 결과는 명품에 관심이 많은 친구들도 있었지만, 모두가 그렇지는 않았다.

샤넬 가방을 사기 위해 오픈 전부터 줄을 서는 행위를 '샤넬 오픈런'이라고 한다. 이런 용어가 생길 정도면 이 행위가 꽤 많이 유명한가 보다 하는 생각이 들었다. '명품은 오늘이 가장 싸... 새벽부터 찬 바닥에 수십명 오픈런'[41] 이라는 기사를 찾게 되었다. 이 기사에서 백화점 오픈런을 간 사람이 "매장 문을 연 후에 줄을 섰더니 대기번호가 100번을 넘어간 적도 있어 아예 새벽부터 나와 대기 한다"고 말하고 있다. 또, "올 초 지인이 샤넬 가방 두 개를 구입 했는데,그 이후에도 가격이 두 번이나 올라 미리 사두기를 잘했다고 했다"고 하면서 "어차피 명품 가격은 계속 오르니 미리 사 두는 게 이득이다"고 했다. 명품 가격이 계속 오르는 현상이 이런 오픈런의 원인 중 하나이기도 한 거 같다.

이렇게 많은 사람들이 오픈런을 하게 된 것은 그리 오래 되지 않았다. 나는 또 다른 흥미로운 기사를 찾았다. 그 내용을 살펴보면 '샤넬 백 오픈런에 "흔해져서 싫다"...진짜 부자들이 택한 명품은' 라는 기사를 보고 제목부터 흥미로웠다.[42] '서울의 A백화점 VIP고객인 안모(39)씨는 최근 지인 모임에 나가면서 이전에 즐겨 들고 다니던 샤넬 백을 매지 않았다. 안씨는 "최근 '샤넬 오픈런'(영업 시작 전부터 줄지어 대기하는 행위)으로 샤넬 백이 대중화되니 나만의 명품을 보여줄 수 있는 주얼리로 눈을 돌렸다"고 말했다. 안씨는 2000만원 상당의 반클리프앤아펠 목걸이를 착용하고 모임에 나갔다고 한다." 라는 내용이다. 나는 이 기사를 읽고 솔직히 조금 웃겼다. 많은 사람들이 줄지어 샤넬 백을 구매하고, 메고 다니다 보니 자신은 그들과 다른 급의 부자라는 것을 보여주고 싶었던 걸까? 반클리크앤아펠 정도의 명품을 가진 부자들은 샤넬 백을 메고 있는 사람들을 보면서 속으로 코웃음을 치겠다는 생각이 들었다.

현재까지 살펴본 바로 보면, 한국인들은 명품 중에서도 샤넬을 특히 좋아한다는 느낌이 든다. 그래서 나도 우리 집에도 샤넬백이 있을까? 하고 한 번 찾아보았다. 우리 집에도 역시 있었다. 우리 엄마의 물건들인데, 내가 가끔 엄마의 명품 가방을 빌려 메고 나갈 때면 엄마는 나에게 항상 굵히지 않게 조심히 메라고 하신다. 중고로 나중에 다시 팔게 되더라도 비싼 값에 팔 수 있다고 한다. 나는 집에 있던 엄마의 명품 가방들 몇 개를 사진 찍어 보았다.

그림 65 구찌 백

그림 66 프라다 백

그림 67 샤넬 백

구찌 백과 프라다 백도 있었고, 많은 사람들이 새벽부터 줄까지 서서 구매하는 샤넬 백도 있었다.

그런데 이렇게 우리 모두가 좋아하는 명품 브랜드들은 어떻게 그 자리에까지 올라설 수 있었을까? 나는 그 명품 브랜드들의 역사와 유명해지기까지의 성장 과정이 궁금해졌다.

한국인이 사랑하는 프랑스 명품과 그 역사

세계적 명품 브랜드 샤넬의 시작은 어땠을까?

'명품 브랜드' 했을 때 보편적으로 가장 많이 떠올리는 브랜드 중 하나가 바로 샤넬 일 것이다. 샤넬은 사실 사람의 이름이다. 그것의 시작은 이렇다.[43] 26살의 가브리엘 샤넬(Gabrielle Chanel)이 1909년에 파리에 자신의 가게를 처음 열었다. 그리고 1921년에 사업을 시작하는데 이 사업이 세계 패션계에 역사적인 사업이 된다. 그것이 바로 샤넬 향수이다. 사실 많은 사람들이 '가브리엘 샤넬' 이라는 이름보다 '코코샤넬' 이라는 이름을 더 익숙하게 생각 할 것 같은데, '코코'는 가브리엘 샤넬의 어렸을 적 별명이라고 한다. 샤넬은 향수의 이름을 짓는 데에서도 남다른 방법을 사용하였다. 그녀는 단지 개발된 순서에 따라서 번호로만 향수 이름을 지었다. 예를 들면, 'No.5'는 다섯 번째로 만든 향수인 것이다. 샤넬의 의상실이 유명해진 후에 향수를 만들기 시작했기에, 자신감을 얻고 '샤넬'을 덧붙여서 향수 이름을 지었다.

그녀는 로고도 직접 디자인 하였다. 샤넬의 로고는 자신의 영문 이름인 CHANEL을 산세리프체로 디자인한 워드마크이다. 또 다른 하나의 로고는 우리가 다 알고 있듯이 두 개의 C가 서로 대칭적으로 놓인 로고이다. 이 두 개의 C가 완벽한 대칭성을 이루고 있는데, 이는 그 당시 여성들의 주로 입었던 거추장스럽고 불편한 옷으로부터 해방시키려고 했던 샤넬의 정신이 그대로 들어가 있다. 브랜드 '샤넬'의 시작을 간단하게 정리해 보니, 더 자세하게 들여다보고 싶어지지 않는가? 가브리엘 샤넬은 어떤 사람 이였을까?

가브리엘 샤넬이 태어난 집은 1883년 프랑스 소뮈르(Saumur)의 가난한 집안이었다.[44] 아버지는 그녀에게 너무나도 무심했고 어머니는 병으로 인해 그녀가 어릴 때 돌아가셨다. 그 후 샤넬은 수녀원으로 보내졌고 7년여 동안 그곳에서 바느질을 배웠다. 성인이 된 후, 샤넬은 수녀원을 나와 봉제회사를 다녔고 동시에 저녁에는 카페에서 가수로 일했다. '코코'라는 별명이 바로 이 때 붙여진 것이다. 그 당시 그녀가 부른 노래 때문이었다. 그곳에서 일을 하다 샤넬은 후원자인 아서 에드워드 카펠(Arthur Edward Capel)을 만나 그의 도움으로 1910년에 파리의 패션 거리에 '샤넬모드(Chanel Modes)' 라는 모자 가게를 열게 되었다. 오픈하고 만든 모자들은 수수한 디자인 이였기에 상류층의 여성들에게는 외면 받았다. 하지만 당시 유명 연극 배우였던 가브리엘 도르지아(Gabrielle Dorziat)가 자신이 나온 연극 '멋진 친구들'에서 샤넬의 모자를 착용하였다. 이로 인해 상류층 여성들 에게도 인기를 얻게 되었다. 모자 디자이너로 성공한 샤넬은 해양 휴양 도시인 도빌(Deauville)에 최초의 부티크를 열었다.

샤넬의 역사

부티크를 오픈한 후, 가브리엘 샤넬은 주로 편리한 옷을 디자인 했다.[45] 부티크를 오픈한 도빌이 휴양도시이기 때문이었다. 첫 번째로 출시한 의상은 여성복 '카디건(Cardigan)'이었다. 그녀는 항구도시였던 도빌의 날씨가 차고 습하다는 것을 느끼고 남성들이 보온을 위해 착용했던 니트 셔츠에서 영감을 받아 카디건을 개발했다고 한다.

샤넬이 제1차 세계대전 시기 때부터 본격적으로 인지도를 얻기 시작했다. 전쟁이 시작되면서 여성들의 노동력이 요구되어 여성들은 화려한 의상보다는 실용적이고 단순한 의상을 더 선호했는데 샤넬의 의상이 바로 딱 그들이 원하는 옷이었다. 샤넬은 남성 속옷에 사용되었던 가벼운 소재의 저지(Jersey)천을 이용하여 투피스를 만들었는데 이것이 여성들에게 좋은 반응을 얻었다. 이 투피스는 같은 해에 두 잡지에나 소개되었는데 1916년 3월 파리인의 엘레강스(les Elégances Pariennes) 잡지와 미국 유명 잡지인 하퍼스 바자(Harper's Bazaar)에 소개되었다. 뒤이어 1917년 2월 미국의 보그(Vogue)지에도 소개되었고 큰 호평을 얻었다.

그 후, 샤넬은 큰 명성을 얻게 되었고 그 명성을 기반으로 1918년에 캉봉가 31번지로 진출했다. 캉봉가는 그 당시 파리 패션의 중심지였다. 이후 샤넬은 샤넬 라인 원피스를 출시했고 그뿐만 아니라 큰 호주머니가 달린 짧은 소매 재킷(Jacket), 긴 머플러(Muffler) 등을 추가로 선보였고 이것들은 1920년대 자유로운 복장을 추구하던 여성들에게 좋은 반응을 얻었다.

1921년, 샤넬은 첫 번째 향수이자 동시에 최초의 배합 향수인 'Number Five'를 출시했다. 샤넬의 'Number Five'가 성공한 결과를 얻은 후 1922년에는 'Number 22',1925년에는 가드니아(Gardenia), 1926년에는 브와 데 질(Bois des lles), 1927년에는 뀌르 드 뤼시(Cuir de Russie)라는 향수를 연이어 출시했다. 이것을 기반으로 샤넬은 1924년에 별도의 샤넬 향수회사를 설립 하였는데 이 회사는 향수와 화장품을 주로 제조하고 판매하는 회사였다.

코스튬 주얼리의 출시와 제2차 세계대전

1924년 샤넬은 최초의 코스튬 주얼리(Costume Jewelry)를 출시했다. 가브리엘 샤넬은 "보석은 부나 집안을 상징하는 것이 아니라, 패션을 위한 액세서리여야 한다"[46]며 자신의 신념을 강조했고, 당시 모조 소재 액세서리에 대한 비난이 있었던 때였지만 보란 듯이 모조 진주를 자주 착용하고 다녔다. 이후 색이 들어간 보석이나 비잔틴 십자가로 장식한 모조 진주목걸이 등은 샤넬 장신구의 고전이 되었고, 대중들로부터 큰 인기를 얻었다. 1929년 샤넬은 캉봉가에 액세서리 부티크를 열었고,

1934년에는 액세서리 컬렉션도 선보였다.

1926년 샤넬은 '리틀 블랙 드레스(Little Black Dress)'를 선보였다. 이 의상은 같은 해 5월 보그(Vogue)지에 '샤넬의 포드(Chanel's Ford)'라고 소개되었다. 그 당시 포드가 대중화의 대표 아이콘을 자리를 잡아가고 있었는데 리틀 블랙 드레스도 파리의 유니폼이라 불릴 정도로 대중의 사랑을 받고 있어서 샤넬의 포드라는 별명이 생겼다. 그 당시 검은색은 주로 상복에만 쓰이던 색이었는데 샤넬이 처음으로 여성 일상복에도 검은색을 적용한 것이 리틀 블랙 드레스 였다. 리틀 블랙 드레스 이후에, 샤넬 제품의 40% 이상에 검은색과 흰색이 사용되었다.

샤넬이 고가의 보석으로 만든 고급 주얼리인 파인 주얼리(Fine Jewelry)를 사용하지 않은 것이 아니었다. 1932년 샤넬은 고가의 보석인 다이아몬드에 관심을 갖게 되었고 다이아몬드 주얼리 전시회인 비주 드 디아망(Bijoux de Diamants)를 열었다. 이곳에서도 샤넬은 평범하지 않았다. 샤넬은 비싼 주얼리도 하나의 패션 아이템으로 해석하여, 다이아몬드 주얼리를 전시용 케이스와 검정 벨벳(velvet)이 아닌 마네킹에 전시하여 보석 세공자들에게 주목을 받았다.

1935년 샤넬은 4천 명의 직원을 고용하고 캉봉가에 5개의 빌딩을 소유할 만큼 성장하였다. 그러나 1939년 제2차 세계대전의 발발과 함께 액세서리와 향수 매장만 남기고 부티크 문을 닫아야 했다.

제2차 세계대전 이후와 가브리엘 샤넬의 죽음

샤넬이 71살이 되었던 1954년, 그녀는 15년 만에 파리로 돌아와 부티크를 다시 열고 재품 개발을 시작했다.[47] 그 당시 여성들은 전쟁 당시 입었던 의상에서 벗어나고 화려한 의상을 찾는 경향이 있었다. 이에 크리스찬 디올(Christian Dior)은 코르셋와 부풀린 스커트로 허리 라인을 강조한 뉴룩(New Look)을 출시했고, 이것이 패션업계의 새로운 트렌드로 자리 잡았다. 샤넬은 디올의 이러한 트렌드는 특정 상류 계층만을 위한 것이라 주장했고, 1954년 2월에 편안한 의상들이 주를 이룬 샤넬 컬렉션을 선보였다. 이에 대해 미국 패션계에서는 크게 호평했지만, 파리와 유럽에서는 혹평하였다.

1957년 샤넬은 미국 댈러스(Dallas)애서 20세기에 가장 영향력 있는 디자이너에게 수여하는 '패션 오스카상(Fashion Oscar)'을 수상했다. 1971년 1월 10일, 샤넬은 87세의 나이로 37년간 머물렀던 파리 리츠호텔에서 별세했다. 리츠호텔에서는 샤넬을 기리기 위해 그녀가 머물던 방을 '코코 샤넬 스위트룸(CoCo Chanel Suite)'이라고 이름을 지었다.

현재 샤넬 그룹은 베르타이머 일가의 알랭 베르타이머(Alain Wertheimer)와 제라드 베르타이머(Gérard Wertheimer)가 공동으로 소유하고 있으며, 비상장 개인 기업으로 기업에 대한 정보는 공개하지 않고 있다. 샤넬의 두 CEO는 공식 석상에 모습을 드러내지 않는다고 한다. 칼 라거펠트가 샤넬의 크리에이티브 디렉터로 디자인 총괄을 맡고 있다고 한다.

샤넬에 대해 알아보던 와중 '디올' 이라는 브랜드가 잠깐 언급 되었는데, 그래서 나는 디올에 대해서도 궁금해졌다. 디올도 현재 한국에서 많은 인기를 얻는 명품 브랜드 중 하나이다. 다음 주제로 디올에 대해서 알아보자.

크리스챤 디올의 탄생과 설립[48]

크리스챤 디올은 1905년 1월 21일 프랑스 서부에 있는 노르망디(Normandy) 그랑빌(Granville)에서 다섯 남매 중 둘째로 태어났다. 그의 부모는 부유한 사업가였고 어머니는 정원 가꾸는 게 취미인 패션에 관심이 많은 여성이었다. 이런 가정환경 속에서 크리스챤 디올은 또래 남자 아이들과는 달리 어머니와 함께 정원에서 꽃을 가꾸고 그림그리기를 좋아하는 섬세한 남자 아이였다. 크리스챤 디올이 10세가 되었을 때 그의 가족은 파리(Paris)로 이사를 갔다. 그는 외교관이 되라는 아버지의 뜻에 따라 정치학과에 진학했지만 건축과 예술에 더 관심이 많아서 1928년 디올은 친구과 함께 파리에 소규모 아트 갤러리를 열었다. 크리스챤 디올은 자신의 갤러리에서 피카소(Picasso)의 작품을 전시한 적도 있었다. 그는 심지어 달리(Dali), 장콕토(Jean Cocteau)등의 예술가들과 친했었는데, 이러한 이유로 피카소의 작품을 자신의 갤러리 에서 전시하였던 것이다.

1931년 세계적 공황 등으로 인하여 디올의 아버지가 파산하게 되었고, 아버지의 재정적인 도움을 받던 디올의 갤러리는 문을 닫았다. 디올의 갤러리 뿐만 아니라 디올의 집에 있던 집, 가구, 보석 등 모두 팔려나가게 되었다. 집안이 몰락하게 되자 디올의 건강도 악화되었다. 이러한 어려운 시기에 디올은 친구 장 오젠느(Jean Ozenne)에게 패션 드로잉을 배우게 되고 또 다른 친구에게 색칠하는 법을 배우게 되어 그림 한 장 당 10센트에 팔며 생계를 유지하였다. 그 때 디올의 그림 중 일부는 프랑스 유명 일간지인 '르 피가로(Le Figaro)'에 실린 적도 있었다. 디올은 모자를 만들어 오트쿠튀르(Haute-Couture)하우스에 판매 한 적도 있었다.

1938년, 크리스챤 디올은 프리랜서의 삶을 정리하고 디자이너 로베르 피게(Robert Piguet)의 회사에 입사했다. 그곳에서 디올은 데시나퇴르(Dessinateur), 즉 의상의 스타일을 그려주는 사람으로 일했다. 그러던 와중 제2차 세계대전이 시작되어 디올은 군대에 입대하게 되었고, 그는 남부 프랑스 지역에서 근무하였다. 군 복무 후 디올은 1941년에 프랑스로 다시 돌아왔다.

디올은 프랑스 디자이너 뤼시앵 를롱(Lucien Lelong)의 부티크에 취직을 하였고, 뤼시앵 를롱에서 디자이너 피에르 발맹(Pierre Balmain)과 함께 근무를 하기도 하였다.

1946년, 디올은 프랑스에서 가장 큰 직물 회사인 부사크(Boussac)의 사장인 마르셀 부사크(Marcel Boussac)를 만나게 되었다. 디올의 재능을 알아본 마르셀 부사크는 그에게 자신의 회사에 들어오라고 권유하였다. 그러나 자신의 브랜드 론칭을 목표로 삼았던 디올은 이를 거절하였다. 후에, 그는 자신의 이름을 딴 브랜드를 론칭하고 마르셀 부사크는 그에게 재정적인 도움을 주었다.

크리스챤 디올의 부티크 오픈

크리스챤 디올은 파리 몽테뉴 거리(Avenue Montaigne) 30번지에 크리스챤 디올 부티크(Boutique)를 열었는데 이때가 디올이 40세가 넘는 나이였던 1946년 12월 6일 이었다. 부티크를 연 후 디올은 1947년 2월 12일에 첫 오트쿠튀르 패션쇼를 열었다. 그 첫 컬렉션에서 디올은 화려한 스타일을 선보였는데 이는 제2차 세계대전 기간 중 군복과 비슷한 딱딱한 옷을 입어야만 했던 여성들을 겨냥한 것이었다고 한다. 이 디올의 첫 컬렉션은 많은 관심을 끌었고 동시에 '뉴룩(New Look)' 이라고 불렸다.

디올은 디자인 분야에서만 뛰어 났던 게 아니다. 그는 사업적인 부분에서도 재능이 있었다. 앞서 말했듯이 그는 마르셀 부삭의 재정적 지원을 받았는데 협상능력이 뛰어나 부삭이 출자한 사업체들 중 눈에띄게 많은 의사 결정권을 디올이 따냈다고 한다.

1947년, 크리스챤 디올은 향수를 출시한다. 첫 향수 이름은 '미스 디올(Miss Dior)'이었다.

1949년에는 뉴욕(New York)에 기성복 매장을 오픈했다. 고급 맞춤복이 패션산업의 중심이던 그 시절에 디올이 기성복 분야까지 매장으로 오픈한 것은 굉장히 파격적인 일이었다. 결과적으로도 당시 디올의 수

익 절반 정도가 미국 수출을 통해 공개 되었을 만큼 디올의 인기는 엄청났다. 그 당시 뉴욕 등 미국시장에서 실용성을 중시하였기에 디올의 기성복은 미국시장에서 주로 판매되었고 파리 부티크에서는 고급 맞춤복 위주로 운영되었다. 심지어 디올은 라이선스(License)사업을 통해 재정적 뒷받침도 마련했다.

레지옹도뇌르 훈장 수상과 타임표지 등장

1956년, 디올은 레지옹도뇌르(Legion d'Honneur) 훈장을 받았다. 그리고 바로 다음 해인 1957년, 타임(Time)잡지 3월호 표지에 디올의 얼굴이 실렸다. '타임'지 표지에 실린 최초의 디자이너가 바로 디올이었다. 디올은 '타임'지 인터뷰에서 자신의 브랜드 철학을 말했다. 바로 이렇게 말이다.[49] "기계문명 시대에 패션은 인간에게 위안을 준다. 아무리 터무니없이 혁신적인 패션이라고 해도 초라하거나 평범해 보이지만 않는다면 대중들에게 환영받을 것이다. 물론 패션은 일시적이고 자기중심적인 도락이지만, 지금 같이 암울한 시대에는 사치를 조금 장려할 필요도 있다."

크리스챤 디올의 사망

1957년, 10주년 컬렉션을 앞두고 있던 때에 디올은 심장마비로 쓰러졌다. 심장마비로 쓰러진 일이 처음이 아니었다. 벌써 세 번째였다. 그 세 번째로 쓰러진 후 그는 세상을 떠났다. 그가 그 당시 준비하던 스핀들라인(Spindle Line)은 그의 유작이 되었다. 그가 세상을 떠날 당시 그의 나이는 52세였다.

그가 사망한 후, 그와 함께 일하던 젊은 디자이너 이브 생 로랑이 크리스챤 디올의 수석 디자이너 자리를 물려받았고 당시 그녀의 나이는 21세였다.

이브 생 로랑의 영입과 해고

1958년 1월에 이브 생 로랑은 '트라페즈라인(Trapeze Line)' 이라는 첫 컬렉션을 선보였는데 이것은 디올 하우스를 위한 것이었다. 이것은 성공적이라는 평가를 얻었고 이브 생 로랑은 사람들의 긍정적인 관심을 받았다. 그 후에도 그녀는 디올의 수석 디자이너 역할을 성공적으로 행하였다.

하지만 이브 생 로랑은 1960년 '비트 룩(Beat Look)'을 선보였는데 이로 인해 디올의 경영진들은 그녀를 해고했다. '비트 룩'은 거리의 청년들에게서 영감을 받은 룩이었는데 이것에 대한 부유층들의 반응이 별로 좋지 않았기 때문이었다.

1961년, 이브 생 로랑이 해고 된 후 그녀의 뒤를 이을 수석 디자이너로 마르크 보앙(Marc Bohan)이 선택되었다. 마르크 보앙은 안정적으로 디올 하우스를 이끌었다. 그는 1989년까지 디올 하우스를 이끌었고 사실상 디올 하우스를 가장 오래 맡은 디자이너였다.

크리스챤 디올의 경영위기와 LVMH로의 인수합병

1980년대부터 크리스챤 디올에게 경영위기가 찾아왔다. 거의 모든 매장이 적자였고 크리스챤 디올이 부사크에서 그나마 재정상황이 나은 브랜드였다. 부사크는 지주회사 SFFAW에 인수되었지만 부도 상황이

심각해 상황을 모면하지 못했다. 심지어 프랑스 정부까지 재정적인 지원을 해주었지만 부사크를 다시 살려내기엔 부족했다.

1984년, 1970년대 말 SFFAW를 인수했던 LVMH(Louis Vuitton Moet Hennessy)그룹의 회장 베르나르 아르노(Bernard Arnault)가 부사크의 지주회사를 인수했다. 그는 부사크 인수 후 엄청나게 많은 조정을 했는데 크리스챤 디올 등 사업적 가치가 있다고 판단되는 브랜드를 제외하고 나머지 계열사들을 무려 5억 달러에 모두 매각했다.

그 후 많은 그룹 지배권 싸움과 법정 공방들 끝에 1990년 4월에 베르나르 아르노가 LVMH를 소유하게 되었다. 이 싸움은 프랑스 역사상 가장 잔혹한 인수합병 사례로 남았다고 한다. 베르나르 아르노는 소유권을 갖게 된 후 LVMH를 명품 제국으로 만들기 위해 집중했다.

한국에서의 가브리엘 샤넬과 크리스챤 디올

한국인이 가장 좋아하는 명품 브랜드는? 이라는 질문에 대하여 사람마다 대답이 다를 것이다. 나는 보통 TV속 뉴스나 인터넷 기사 같은 곳에서는 샤넬에 관한 내용을 많이 보았기에 샤넬에 대해 자세히 조사해 보았다. 그리고 요즘 MZ세대에서 가장 인기 있는 명품 브랜드가 디올이 아닐까 하는 생각을 했는데 샤넬을 조사하던 와중 디올 이라는 이름이 언급되어 반갑기도 했고 두 디자이너가 동시대에 있었구나 하는 생각에 신기했다.

서울 성수에 있는 디올관은 안으로 들어가려면 웨이팅이 1시간 이상이라고 한다. 건물 자체도 예뻐서 디올관을 배경으로 사진만 찍는 것도 유행이다. 나도 그곳에 직접 가보았는데 낮보다 밤에 더 예뻤다.

그림 68 성수 디올관 낮

그림 69 성수 디올관 밤

낮에도 웅장하고 화려하다는 느낌이 들지만 밤에 보니 건물이 반짝이는 것 같고 더 화려하다는 느낌이 든다.

성수 디올관 뿐만 아니라 MZ세대 여성들에게 엄청난 인기가 있던 디올 지갑이 있다. 나도 내 주변에서 이 지갑을 산 친구들을

그림 70 디올 새들 카드지갑

몇 명 보았다. 바로 이 지갑이다. 여러분들도 이 지갑을 본 적이 분명 있을 것이다.

나는 이런 생각이 들었다. 우리 윗세대가 샤넬, 구찌라면 우리 세대는 디올이 아닐까?

디올에 대한 조사 중 디올이 LVMH에 인수 되었다고 했다. 그래서 나는 LVMH에 대해 궁금해 졌다. 지금부터 한번 알아보자.

LVMH는 어떤 회사일까?

LVMH의 본사는 프랑스에 있고 프랑스 시가총액 1위 기업일 뿐만 아니라 유럽 시가총액 1위 기업이라고 한다.[50] 이름은 Louis Vuitton, Moët & Chandon, Hennessy(루이비통, 모엣&샹동, 헤네시) 의 약자를 합친 것이라고 한다.

LVMH에 속한 브랜드는 분야별로 다양하다. 일단 패션 브랜드에는 Louis Vuitton, Christian Dior, Celine, Fendi, Givenchy, Marc Jacobs, Moynat, FENTY, Loewe, Berluti등이 있다. 보석이나 시계 브랜드에는 Bvlgari, Tiffany&Co., Fred, Zenith, Chaumet, Hublot, TAG HEuer 등이 있다. 향수나 화장품브랜드에는 Benefit Cosmetics, Parfums Christian Dior, Make Up For Ever, Marc Jacobs Beauty, Givenchy Parfums, Fresh등이 있다. 심지어 주류 브랜드도 속해 있는데 주류 브랜드에는 유명한 코냑와인 브랜드인 Hennessy와 Dom Perignon, Cloudy Bay, Krug, Newton, Moët&Chandon, Ruinart, Terrazas, Glenmorangie, Cape Mentelle, Domaine Chandon 등이 있다. LVMH는 이렇게 많은 브랜드들을 산하에 두고 있다. 이렇게 알고 나니 많이 들어본 브랜드도 있는 반면 처음 보는 브랜드들도 있었다. LVMH는 어떻게 이렇게 많은 브랜드들을 산하에 두게 되었을까?

베르나르 아르노는 누구일까?

그는 1980년에 LVMH 대주주가 된 사람이다. 이 사업의 시작은 그가 미국에서 부동산 사업을 하다가 다시 프랑스로 돌아와 디올의 모기업 '부삭'을 인수하면서 시작되었다. 2019년에 나온 인터넷 기사에 따르면 미국 블룸버그 통신이 추산하는 세계 부자 순위에서 큰 이변이 나타났었다고 한다. 마이크로소프트의 창업자 빌 게이츠가 7년 만에 3위로 밀려났는데 그 이유가 베르나르 아르노가 빌 게이츠를 제치고 '세계에서 두 번째로 돈 많은 부자'로 올라섰기 때문이다. 베르나르 아르노의 LVMH가 매년 성공을 이룰 수 있었던 전략이 있었을까?

그는 프랑스에서 공부를 하고 미국에서 기업을 경영하며 많은 깨달음을 얻는다. 명품 브랜드의 가치를 높이기 위해서는 새 브랜드를 출시하기 보다는 기존에 있던 브랜드를 인수하는 것이 훨씬 더 성공률이 높을 것이라고 판단했다. 그래서 그는 위기를 겪고 있는 브랜드들을 인수합병 하여 해당 브랜드가 갖고 있는 전통은 이어가면서 새 디자이너를 영입하는 등의 방법으로 기업을 경영하였다. 그는 이러한 방법으로 루이비통을 비롯하여 디올, 지방시, 셀린느, 펜디 등 유명 브랜드들을 인수했다. 심지어 화장품 브랜드인 메이크업 포에버, 베네피트 등 뿐만 아니라 불가리 와 같은 주얼리 브랜드도 인수합병 하였다. 그의 이러한 행보가 패션 업계에 엄청난 변화를 가져왔다.

한국에서 유명한 기업을 떠올려 보면 삼성, LG, 현대 등 전자제품 분야에서 유명한 기업이 생각난다. 그러나 한국에서 LVMH 정도로 유명한 패션 브랜드가 있을까? 했을 때 생각나는 브랜드가 딱히 없다. 의상이나 주얼리와 같은 분야로 세계 2위 부자가 된다는 게 너무나도 신기했다.

베르나르 아르노는 계속해서 변화를 꾀했다. 그는 새로운 디자이너를 많이 영입했고 그들의 창의성을 존중하고 지지했다. 그 결과는 성공적이었다. 젊은 연령층의 마음을 사로잡았고 매출도 상승했다. 그는 제품 뿐만 아니라 매장 외관 건물과 인테리어도 화려하게 꾸며 소비자들을 매혹시켰다. 베르나르 아르노의 핵심 전략은 바로 명품 브랜드의 이미지를 훼손하지 않으면서도 소비자의 신분상승 욕구를 자극하여 명품을 대중화 하는 것이다. 그는 결국 프랑스 브랜드의 절반을 소유하게 되었고 분야까지 넓혀 뷰티, 시계, 주얼리까지 섭렵하였다.

LVMH에 대해 조사하다 보니 루이비통에 관한 이야기가 정말 많았다. 그래서 나는 루이비통에 대한 조사를 하지 않고 넘어갈 수 없었다.

루이비통의 탄생 및 창업자

루이비통은 프랑스 동부 안쉐(Anchay)에서 1821년 8월4일에 태어났다.[51] 그의 집안은 목공소 집안이었기에 그는 어릴 적부터 나무 다루는 법을 배웠다. 그의 아버지가 재혼을 하게 되자 그는 집을 나와 파리로 향하며 온갖 잡다한 일을 하였다. 그러다 결국 그는 1837년 집을 나온 지 2년 후에 파리에 도착했다. 그 당시 파리 귀족 부인들은 여행 갈 때 자신들의 드레스들을 수십 개의 포플러 나무상자에 담아서 마차에 싣고 다녔다. 그는 그런 광경을 목격하고 파리로 오는 도중에 자신이 포플러나무를 다루는 기술을 배웠었기에 여행용 고급 가방을 만들고 싶다는 생각이 들었다. 당시 가장 유명했던 가방 제조 전문가 무슈 마레샬(Monsieur marechal) 밑에서 일을 하던 루이비통은 귀족들 사이에서 유명해지기 시작했다. 결국 그는 외제니 황후(Eugenie de Montijo)의 전담 패커가 되었다. 외제니 황후는 프랑스 황제인 나폴레옹 3세의 부인이다.

1854년에 외제니 황후의 후원으로 루이비통은 '뢰 뇌브 데 까푸신느 4번가(4 Rue Neuve des Capucines)'에 자신의 이름을 건 첫 매장을 오픈했다. 그 첫 매장은 포장 전문 가게였다. 이것이 루이비통 브랜드의 시작이었다.

루이비통의 역사

프랑스는 자본주의가 성장함으로 인해 휴양문화가 발전하게 되었다. 이것이 루이비통에겐 좋은 기회였다. 루이비통은 그 당시 불편해 보이는 여행용 트렁크 가방을 보고 '그레이 트리아농 캔버스(Grey Trianon Canvas)'를 만들었다. 그 당시 여행용 트렁크는 매우 무거웠고 좁은 철도나 배로 옮겨 싣고 다니기에 불편한 형태였다. 루이비통이 만든 '그레이 트리아농 캔버스'는 평평한 바닥과 사각형 모양인 트렁크였다. 심지어 캔버스 천에 풀을 먹여 방수 처리까지 하였고 무게도 가벼운 트렁크였다. 이 트렁크를 프랑스 부유층뿐만 아니라 황후 등 유명한 사람들이 사용하면서 널리 퍼지게 되었다.

트렁크가 잘 팔리게 되자 루이비통은 1859년에 아니에르(Asnieres)에 첫 공방을 오픈하였다. 이 루이비통의 첫 공방은 현재까지 남아있다. 그래서 이곳에서 데미안 허스트(Damien Hirst, 영국 작가), 우리나라 피겨 스케이팅 선수 김연아, FIFA 월드컵 트로피의 트렁크 등 세계에서 유명한 사람들의 트렁크도 제작하고 있다. 이 그레이 트리아농 캔버스가 인기를 얻으며 유명해지자 1888년부터 모조품도 등장하게 되자 루이비통은 모조품과 차별화된 제품을 만들기 위해 다미에 캔버스(Damier canvas)를 적용한 제품을 개발했다.

1892년에 루이비통이 사망한 후 루이비통의 아들 조르주 비통(Georges Vuitton)이 그의 경영권을 물려받았다. 조르주 비통은 다미에 캔버스를 개발했음에도 불구하고 모조품이 계속 생겨나자 1896년에 모노그램 캔버스(Monogram canvas)를 개발했다.

1885년에 루이비통은 영국 런던 옥스퍼드(Oxford) 거리에 첫 해외 매장을 오픈했다. 그 후, 뉴욕, 워싱턴, 봄베이 등에도 매장을 오픈해 영업을 확장했다. 1914년에는 파리 샹젤리제 거리(Champs-Elysees)에 7층짜리 루이비통 매장을 오픈했는데 이 매장은 그 당시 세계에서 가장 큰 여행용품 전문 매장이었다.

루이비통은 1892년부터 트렁크 외에 핸드백도 만들기 시작했다. 스티머 백(Steamer bag)을 시작으로 키폴 백(Keepall bag), 스피디 백(Speedy bag), 노에 백(Noe bag)등을 연이어 출시하면서 가방 제조에 힘썼다.

1936년 조르주 비통도 사망하게 되고 그의 아들, 즉 루이비통의 손자인 가스통 루이비통(Gaston-Louis Vuitton)이 경영을 이어 받았다.

제2차 세계 대전의 영향으로 여행의 수단이 기차에서 자동차로 바뀌게 되었다. 이로 인해 루이비통은 트렁크보다는 작고 실용적인 가방을 개발하기 위해 노력했다. 빠삐용 백(Papillon bag)은 1966년에 출시되었고 그 후에 1985년에 에삐 라인(Epi)을 출시했다. 1978년 일본에 매장을 오픈하고 연이어 1983년에는 태국과 대만, 대한민국 등 아시아에도 매장을 오픈했다.

루이비통은 1984년에 뉴욕과 파리 주식 시장에 상장했지만 가족과의 경영의 한계를 느꼈다. 그래서 그는 1987년 샴페인과 코냑을 제조하는 업체인 모에 헤네시(Moet Hennessy)와 합병하여 LVMH그룹을 설립했다.

1990년대에 그는 중국 시장에도 진출하였는데 1993년에 남성 비즈니스맨을 겨냥한 타이가 가죽(Taiga leather)과 1996년에 여행가방인 페가세(Pegase) 와 같은 신제품을 추가로 출시하고 베이징에 매장을 오픈하였다.

루이비통 백은 한국에서도 굉장히 인기가 많지만 가격이 비싸서 쉽게 구하기 힘들다. 나도 주변에서 루이비통 백을 갖고

그림 71 루이비통 백

있는 친구는 많이 못 본거 같다. 루이비통 특유의 무늬가 굉장히 고급스러운 느낌을 준다.

마크 제이콥스의 합류와 그 후

마크 제이콥스(Marc Jacobs)는 뉴욕 출신의 패션 디자이너이다. 그는 1997년 루이비통의 아트 디렉터로 합류하게 된다. 그는 브랜드 정체성은 유지하면서 젊은 이미지를 더하여 의류, 신발, 주얼리 컬렉션 등으로 상품 영역을 확장하였다.

1998년에 그는 모노그램 캔버스를 재해석 하였다. 그는 모노그램 베르니(Monogram Vernis)를 론칭 하였는데 이것은 애나멜 가죽에 모노그램 패턴을 넣은 것이었다. 그 뿐만 아니라 같은 해에 여성의류와 구두 컬렉션, 2000년에는 남성 의류 패션쇼, 2001년에 주얼리 컬렉션, 2002년에 땅부르(Tambour) 시계 컬렉션을 출시했고 2003년에는 유타가죽(Utah leather)을 개발해 태닝에 용이하게 하였다.

2001년에는 spring/summer 컬렉션을 선보였는데 뉴욕의 패션디자이너이자 아티스트인 스티븐 스프라우스(Stephen Sprouse)와 협업하여 모노그램 그라피티(Monogram Graffiti)를 선보였다. 모노그램 캔버스 위에 그라피티를 역동적으로 활용하여 젊은 이미지를 표현하는 모노그램 그라피티 한정판을 출시하였다.

2003년에는 일본의 아티스트인 무라카미 다카시(Takashi Murakami)와 협업하여 새로운 모노그램 멀티컬러(Monogram Multicolore)를 출시하였다. 2004년은 루이비통 창립 150주년이 있던 해였는데 이것을 축하하기 위해 파리 샹젤리제 매장을 일 년 동안 리뉴얼하여 재오픈 하였다. 그 후 2006년에 다미에 아주르 캔버스(Damier Azur canvas), 2007년에

네버풀(Neverfull), 2008년에 다미에 그라피티 캔버스(Damier Graphite canvas), 2009년에 몽 모노그램(Mon Monogram), 2013년에 제피르(Zephyr)를 출시했다. 다미에 아주르 캔버스는 화이트와 그레이 컬러의 바둑판무늬이고 네버풀은 많은 양의 소지품을 수납할 수 있는 역사다리 꼴 모양의 가방, 다미에 그라피티 캔버스는 그레이와 블랙 컬러의 바둑판무늬, 몽 모노그램은 맞춤형 특별 주문 서비스, 제피르는 여행 캐리어 이다.

루이비통의 광고

루이비통의 초기 광고에서는 주요 매장과 아니에르 공방의 주소, 제작 활동 등을 알리는 정보들이 주 내용 이었다. 그 후에는 다미에, 모노그램 등의 캔버스가 개발되면서 캔버스 위주의 광고를 하였다.

루이비통의 2000년대 초중반 광고에서는 스칼렛 요한슨(Scarlett Johansson), 우마 서먼(Uma Thurman)등 유명 여배우나 슈퍼 모델 같은 인기 많은 인물을 광고 모델로 썼다.

2008년부터 루이비통은 인쇄광고 형태에서 벗어나 TV광고를 시도했다. 그들이 시도한 TV광고는 90초 정도 분량의 여행, 'A journey-Where will life take you?'라는 내용의 광고였고 최초의 TV광고였다. 그 후 2012년 에는 '여행으로의 초대(L'Invitation Au Voyage)', 2013년에는 '시크 온 더 브리지(Chic on the Bridge)'라는 주제의 광고 캠페인을 이어왔다. '여행으로의 초대'는 최초의 상업광고이며 루브르(Louvre) 박물관을 배경으로 촬영 했고 루이비통 여성(Louis Vuitton woman)에 대한 이야기를 담고 있다. '여행으로의 초대'광고는 한국 뿐만 아니라 미국, 영국, 중국, 프랑스, 이탈리아, 러시아, 홍콩 등 여러 시장에서 선보였다.

'시크 온 더 브리지'광고는 광고 속에서 네 명의 여주인공이 알마 백을 들고 나오는데 이 광고는 파리 퐁 뒤 카루젤 다리(Pont du Carrousel), 뉴욕 브루클린 다리(Brooklyn Bridge), 상해의 외백 도교(Waibaidu Bridge)등 세계에서 유명한 다리들을 배경으로 촬영하여 여행이라는 광고 주제에 접목시켰다.

루이비통의 브랜드와 기업정보

LVMH 그룹(루이비통 모에 헤네시 그룹, Louis Vuitton Moët Hennessy group)은 1987년에 코냑으로 유명한 모에 헤네시(Moët Hennessy)와 명품업체 루이비통의 합병으로 설립되었다. LVMH 그룹은 "삶 속의 예술(Art de Vivre)"로 우아함(Elegance)과 창의성(Creativity)을 세계적으로 실현 한다 는 뜻의 사명을 갖고 설립되었다.

현재 루이비통은 '글로벌 100대 브랜드'에 매년 상위권에 랭크되고 있을 뿐만 아니라 전 세계 74개국에 진출해 총 465여개의 매장과 18,000여명의 직원을 거느리고 있고 LVMH 그룹 총 영업 이익의 절반을 점유 하고 있다.

루이비통의 엄격한 브랜드 경영철학

루이비통은 세계적 명품 기업인만큼 엄격한 품질 관리 등 경영철학을 확실히 하고 있다. 루이비통은 제품 출하 전 4일 동안 핸드백 낙하실험, 무차별적 자외선 노출, 지퍼 여닫기 테스트를 무려 5000여 번이나 하는 등의 테스트를 통해 품질을 유지한다고 한다. 이 대목에서 루이비통의 비싼 가격과 좋은 품질은 역시나 그냥 나오는 게 아니구나 하는 생각이 들었다.

또한 루이비통은 여러 명품 브랜드들이 세컨드 라인을 보유하는 것과 달리 아울렛 같은 곳에서 자사의 제품을 판매하지 않고 주요 거점지역에 플래그십 스토어를 운영하는 전략으로써 브랜드의 이미지를 보호하고 있다. 또, 많은 사람들이 알다시피 루이미총은 판매량을 제한하면서 소비자들이 제품에 희소가치를 느끼게끔 하고 있다. 한정판 제품을 만들고 심지어 판매 기간도 최소화하며 제품이 가장 잘 팔릴 시기에 판매를 종료하는 전략을 실시했다. 이에 대한 예로 마크 제이콥스가 만든 루이비통 트리뷰트 패치워크(Tribute Patchwork)는 무려 14개의 루이비통 가방 조각을 서로 꿰매 붙인 것으로 세계에 단 24개만 한정판으로 출시되었는데 가격도 개당 5만 2천 달러가 넘었다. 세계 유명 가수 비욘세(Beyonce)가 이 핸드백을 소유해서 더 유명해지게 되었는데 미국에 단 4개만 출시되었는데 그 중 하나를 비욘세가 갖게 된 것이었다.

루이비통의 몽 모노그램은 특별 주문 생산 서비스인데 이런 서비스를 통해 고객들이 브랜드에 희소가치를 느끼게끔 하였다. 2010년 캐나다 동계 올림픽 때 우리나라의 피겨 스케이팅 선수 김연아가 루이비통에게 요청받아 직접 디자인 과정에 참여하고 아니에르 공방에서 특별제작한 스케이트 케이스 트렁크를 사용하여 더욱 유명해졌다.

루이비통이 엄청 비싸고 유명한 명품 브랜드라는 사실을 모르는 사람은 없을 것이다. 그러나 우리가 아는 '루이비통'이라는 브랜드에 대해 깊게 아는 사람은 얼마나 있을까? 지금의 위치까지 되기 위해 이 기업이 노력한 것은 값으로 매길 수 없는 것 같다. 드라마에서 우스갯소리로 나오는 '한 땀 한 땀 만든 것이다'와 같은 말들이 농담이 아니라 진짜라는 사실을 루이비통 역사를 조사해보며 느꼈다.

LVMH는 모엣 헤네시와 루이비통의 합병으로 만들어진 회사라고 하는데 루이비통은 모르는 사람이 없을 만큼 유명하지만 모엣 헤세시도 그럴까? 일단 나는 모엣 헤네시 라는 회사를 처음 들어봐서 어떤 회사인지 궁금해졌다.

모엣 헤네시의 역사와 배경

헤네시 사는 1765년 리차드 헤네시(Richard Hennessy)에 의해 코냑으로 설립 되었다.[52] 1970년대에 헤네시 가의 킬리안 헤네시(Killian Hennessy)가 CEO가 되었고 1971년에 모엣(Moet)을 생산하는 모엣&샹동(Moët et Chandon)과 합병하여 영업을 확대하기 시작했다. 1987년에 모엣 헤네시가 루이비통사와 합병하며 회사 명칭이 루이비통&헤네시(Louis Vuitton&Hennessy)로 변경되었으며 세계에서 가장 큰 럭셔리 브랜드로 자리매김 했다.

헤네시의 성분은 이렇다. 코냑의 원료는 본래 와인을 이중 증류하여 얻은 '오드비(eau-de-vie)'라는 생명의 물이라 불리는 포도원액이다. 이 포도 원액의 품종은 모두 백포도이다. 처음에는 포르블랑시 품종이 많이 쓰였는데 지금은 대부분 유니블랑 품종을 많이 쓴다고 한다. 원래 이 지방 포도주는 신맛이 나고 맛이 없어서 포도주 중 하급품 이었지만 후에 품질이 개발되었다고 한다. 이후에도 여러 과정을 걸쳐 순한 코냑을 완성하게 되는데 코냑은 숙성되는 과정에서 통 안에서 자체 향미가 우러나오고 색깔이 캐러멜 색으로 변한다고 한다. 풍부한 향미 속에서 과일, 오크, 향료가 어우러진 향이 나며 만들어져 헤네시는 고급 스테이크나 디저트와 잘 어울린다고 한다.

로제 와인까지 합류한 모엣 헤네시

최근 몇 년간 MZ세대 사이에서 유행했던 '로제 맛'이 와인에서도 출시되어 로제 와인도 많은 인기를 끌었다. 2019년에 세계 최고의 고급 로제 와인이 모엣 헤네시에 합류 했다고 한다.[53] 미국 굴지의 프로방스 로제(Chateau d'Esclans)가 합류한 것이다. 이 회사의 사장은 Sacha Lichine

인데 이 사람은 2006년에 Chateau d'Esclans를 인수했고 그 후 최고급 로제 와인을 와인업계에서 와해 시켰다. 그 후 Chateau d'Esclans 로제 와인과 포도주 양조부서는 높은 품질을 통해 개발한 끝에 국제적으로 인정받았고 세계에서 가장 유명한 명품 로제 와인 Garrus와 미국에서 판매량이 가장 높은 프랑스 로제 Whispering Angel을 통하여 프로방스 로제 전문가들을 위한 핵심 컬렉션을 만들었고 그 성과를 인정받았다. Sacha Lichine은 "모엣 헤네시와 동맹을 맺고 모엣 헤네시의 지원 하에 Chateau d'Esclans의 발전을 이어가게 되어 기쁘다. 앞으로도 계속 우수한 프로방스 로제 와인으로 전 세계 고객에서 기쁨을 선사할 것이고 앞으로 수년 동안 이 와인 브랜드는 계속 높은 성장세를 이어갈 전망이다"라는 등의 소감을 전하였다. 모엣 헤네시의 CEO Philippe Schaus또한 "프랑스 남부에서 양질의 로제 와인을 생산하는 것으로 유명한 Chateau d'Esclans와 협력 하게 되어 큰 자부심을 느낀다"고 하며 Sacha Lichine을 전폭 지원할 것이라고 덧붙였다.

원래도 엄청나게 많은 그룹들이 포함되어 있었는데 최근에도 그룹들과 합병하여 회사를 확장시키는 것을 보니 발전 하지 않을 수가 없겠구나 하는 생각이 들었다.

LVMH와 티파니 앤 코

처음 LVMH에 대해 조사할 때 주얼리 부문에 티파니 앤 코가 있었는데 알고 보니 티파니 앤 코는 LVMH에 소속된 지 몇 년 안 되었다.

LVMH는 2019년부터 티파니 앤 코 와의 인수를 진행 해왔지만 중간중간 갈등이 빚어져 인수 확정은 되지 않고 있었는데 2020년에 인수를 최종 확정 했다고 한다. LVMH는 티파니를 주당 135달러인 총 162억 달러, 한화로 약 19조에 인수하기로 확정했다고 한다.

'티파니 앤 코'도 MZ세대 사이에서 핫한 브랜드 이다. 티파니 앤 코 하트 팬던트 목걸이가 굉장히 유행해서 주변 친구들 중에서도 갖고 있는 걸 많이 보았다.

그림 72 티파니 앤 코 하트 목걸이1   그림 73 티파니 앤 코 하트 목걸이2

바로 이 목걸이 이다. 여러분도 한 번 쯤은 본 적이 있을 것이다.

색도 위 두 가지 색뿐만 아니라 다양한 색이 있어서 인기를 더했던 것 같다.

국내 인기 명품 브랜드와 LVMH 에 대한 설문조사

나는 대학생들, 즉 MZ세대 사이에서 가장 인기 있는 명품 브랜드는 어디일지가 궁금했고 LVMH라는 그룹에 대해 잘 알고 있을지 수도권에 거주하는 20세~26세 대학생 약 20명을 대상으로 간단한 설문 조사를 해보았다.

일단 가장 갖고 싶거나 관심 있는 브랜드에 대해 먼저 조사해 보았다.

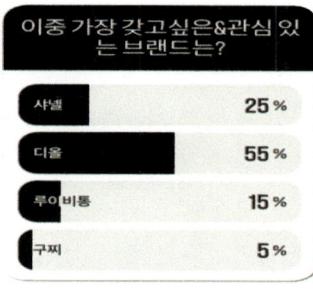

그림 74 설문조사1

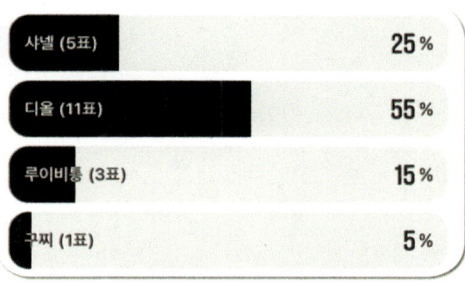

그림 75 설문조사 1-1

결과는 예상했던 대로 디올이 가장 인기가 많았다. MZ세대 사이에서는 요즘 눈에 띄게 디올을 많이 선호하는 추세임이 확실하다고 생각했다. 샤넬과 구찌는 LVMH 소속 브랜드는 아니지만 누구나 인정하는 유명 명품 브랜드이기에 항목에 넣어보았다.

구찌는 거의 표를 얻지 못하였고 LVMH 그룹에 속한 두 유명 브랜드와 샤넬 셋 가운데서는 디올이 거의 압도적으로 인기가 많았음을 확인할 수 있다.

다음으로는 과연 MZ세대들은 LVMH 그룹에 대해 알고 있을까? 에 관한 설문조사 이다. 나도 이 그룹에 관해 이번에 처음 안만큼 나만 잘 몰랐을까? 하는 생각이 들었다.

그림 76 설문조사2

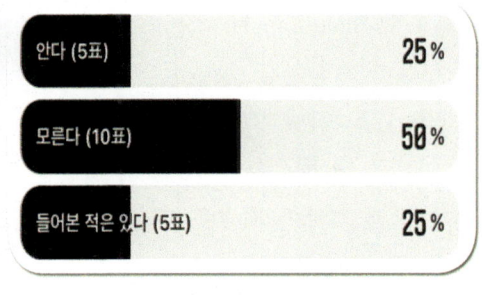

그림 77 설문조사2-2

한국인이 사랑하는 프랑스 명품과 그 역사

결과는 모른다는 대답이 대부분 이었다. 정확히 안다고 답한 대학생은 매우 적었다.

설문조사에 응한 20명 중 반인 10명이 모른다고 답했고, 안다거나 들어본 적 있다고 답한 대학생이 각각 5명씩 이었다. 나뿐만 아니라 MZ세대들은 이 그룹에 관해 잘 모르는구나 하고 생각했다. 우리가 아는 유명 명품 브랜드들은 대부분 이 그룹에 속한다는 사실을 알면 모두 신기해 할 것이다.

나는 앞서 조사한 샤넬 외에 LVMH에 속한 브랜드 말고도 한국에서 MZ세대가 사랑하는 브랜드를 하나 더 조사해 보고 싶었다. 바로 떠오르는 한 브랜드가 있었다. 바로 '입생로랑'이다. 디올에 대해 조사하던 와중 언급이 되어서 더 궁금해졌다.

이브 생 로랑의 역사

한국에서는 발음하기 편하도록 '입생로랑'이라 부르지만 원칙적으로 사실 '이브 생 로랑(Yves Saint Laurent)'이 맞는 표현이다. 이브 생 로랑은 LVMH에 속하는 브랜드는 아니지만 구찌, 보테가베네타와 함께 케링(Kering)그룹에 속한 브랜드 이다.

이브 생 로랑의 풀네임은 '이브 앙리 도나 마티유 생 로랑'(Yves Henri Donat Mathieu-Saint-Laurent)이다.[54] 그는 1936년 8월 알제리 오랑에서 부유한 가정환경 속에서 태어났다. 그는 어렸을 때부터 예술에 관심이 많았다고 한다. 그가 디자이너를 꿈꾸게 된 것은 우연히 보게 된 연극에서 극 중 배우가 입은 고전 의상을 보고 깊은 감명을 받게 되어서였다. 그가 17세가 되었을 때, 이브 생 로랑은 국제양모사무국의 디자인 콘테스트에 패션 디자인 스케치를 출품하여 패션계로 진출 할 수 있는 기회를 엿보았다. 그 때 그는 그 대회에서 3등을 하게 되었다. 그 시상식에서 패션 잡지사 '보그'의 편집장 미셸이 이브 생 로랑의 재능을 눈여겨보게 된다. 그 이후 그는 의상에 대한 더 깊은 공부를 하고 싶어서 파리 의상 조합에 입학하게 된다. 그러나 그의 자유로운 예술 세계를 표현하고 싶은 마음과 달리 지루한 이론 수업에 대해 지루함을 느끼고 자퇴를 하게 된다. 자퇴를 한 후 그는 3등을 했던 콘테스트에 다시 한 번 도전을 하고 1등을 하게 되어 패션계의 주목을 받게 된다. 그 후 그를 눈여겨보던 보그 편집장 미셸에게 자신의 스케치를 보여주었는데 미셸은 그것을 보고 놀라움을 감추지 못했다고 한다. 그 이유는 크리스챤 디올의 디자인과 매우 비슷했기 때문인데 그 때 아직 디올의 디자인을 발표하지 않았을 때라고 한다. 이러한 이유로 미셸은 이브 생 로랑을 크리스챤 디올에게 소개해 주고 디올은 이브 생 로랑의 스케치를 본 후 그를 자신의 어시스트 디자이너로 채용한다.

1957년에 이브 생 로랑은 35벌의 의상을 디자인하며 패션 디자이너로서의 입지를 굳혀 가고 있었는데 그 와중에 디올이 사망하게 되고 이브 생 로랑이 수석 디자이너로 자리 잡게 된다. 그는 디올의 첫 컬렉션에서 성공적으로 데뷔 무대를 마치지만 디올의 주 고객 이었던 보수적인 상류층의 패션의 지루함을 느끼게 되고 그 당시에는 꽤 파격적이었던 패션 디자인을 선보이게 된다. 젊은 층들은 이브 생 로랑의 패션에 환호했지만 상류층 고객들은 그의 패션에 대해 충격적이라며 부정적인 반응이었다. 결국 그는 군 입대를 하게 된다. 군에서 건강이 악화되어 3주 만에 정신병원에 입원하게 되고 그러던 중 디올에 새로운 디자이너가 자리 잡아 자신이 해고 되었다는 사실을 알게 된다. 이 때 이브 생 로랑은 굉장히 우울함에 사로잡혀 있었는데 그의 연인 피에르 베르제의 도움으로 인해 많은 도움을 받게 된다. 연인의 도움으로 인해 이브 생 로랑은 자신의 이름을 걸고 '이브 생 로랑'브랜드를 론칭하게 된다.

자신의 브랜드를 론칭한 그는 자신만의 느낌으로 자유롭게 패션 디자인을 해 나갔다. 그로 인해 최초로 여성 패션에 바지 정장이 도입되어 '여성에게 자유를 입힌 패션 혁명가'라는 타이틀도 얻게 된다.

1978년에는 자신의 옷을 입은 여성에게 걸 맞는 얼굴을 선사하겠다며 코스메틱 라인 '이브 생 로랑 뷰티'를 론칭하게 되고 세계적인 탑 뷰티 브랜드로 자리매김 하였다. 현재 한국에서도 '입생로랑 뷰티'는 엄청난 사랑을 받으며 국내 탑 뷰티 브랜드로 자리 잡고 있다.

이렇게 많은 업적을 이룬 이브 생 로랑은 2002년 1월 마지막 패션쇼를 끝으로 은퇴하였다. 그 후 2008년에 그는 세상을 떠났다.

'입생로랑'은 품질도 좋지만 로고가 굉장히 고급스럽고 우아한 분위기를 풍긴다는 느낌을 많이 받았다. 그 로고는 브랜드의 풀네임으로 이루어진 워드마크 로고 디자인이고 로고의 폰트가 일반적인 규칙을 벗어나 산세리프체, 세리프체, 이탤릭체, 글리프 등을 섞어서 디자인하였다.

그림 78 입생로랑 카드 반지갑

그림 79 입생로랑 쿠션과 틴트

위 지갑을 보면 로고가 제일 먼저 눈에 띈다. 저 로고가 입생로랑의 강한 아이덴티티를 가지고 있다고 볼 수 있다. 위 로고가 50년 넘게 이브 생 로랑을 대표하는 상징으로 인식 되고 있다. 입생로랑이 MZ세대들에게 사랑받는 이유 중 하나가 고급스러운 느낌의 로고 때문인 이유도 분명 있을 것이다. 물론 로고뿐만 아니라 품질 면 에에서도 높은 점수를 얻었을 것이다. 뷰티 쪽에서는 현재로서도 매우 많은 호평을 받고 있다. 나도 입생로랑 화장품을 사용하고 있는데 정말 만족한다.

입생로랑 화장품은 성능도 좋지만 디자인도 매우 예뻐서 인기가 많다. 많은 화장품 쿠션들 중에서도 눈에 띄게 디자인이 예뻐서 인기가 정말 많다.

조사를 마치며

조사를 마치고 나니 많은 생각이 들었다. 명품 브랜드라 하면 그냥 '우와 명품이다!' 정도의 감탄만 하였지 그들의 속 깊은 역사 까진 들여다 볼 생각조차 못했다. 이번에 조사를 하면서 신기 했던 점은 먼저 명품 브랜드의 이름은 모두 디자이너의 이름 이라는 점이었다. 나는 솔직히 샤넬 말고는 이 브랜드들의 이름이 모두 그들의 이름 이라는 걸 몰랐다. 자신의 이름을 걸고 낸 브랜드라는 점이 더욱 신뢰를 주는 느낌이 든다. 또 그들이 이렇게 높은 자리까지 오는데 결코 쉽지 않았다는 점을 느꼈다. 엄청난 노력이 있었으며 꿈을 절대 포기 하지 않았다는 점이 정말 멋있었다.

두 번째로 신기했던 점은 그들의 역사를 알아보니 그들은 거의 모두 동시대에 활동했고 서로에게 영향을 주었던 것 같다는 점이였다. 그 당시에 디자인으로서의 재능을 갖춘 인재가 많았던 것 같다.

이번에 그들에 대해 자세히 알게 되고 LVMH라는 그룹에 대해서도 알게 되며 프랑스 명품에 대해 더 관심이 생겼다. 앞서 말했듯이 한국에서 매출 탑급인 기업들은 삼성, LG 같은 전자제품일 것이다. 그런데 위 명품 브랜드들은 의류나 화장품 등으로 엄청난 매출을 내는 것이 너무나 신기하다. 한국에서도 이런 명품 패션 브랜드가 탄생한다면 정말 좋겠다는 생각이 들었다.

　또 나는 설문조사를 통해 일반화 시킬 수는 없지만 대강 MZ세대, 즉 대학생들이 선호하는 명품 브랜드와 LVMH라는 기업에 대해 나처럼 몰랐는지 궁금했던 점을 해소 할 수 있었다.

찾았다, 프랑스! - MZ세대가 바라보는 프랑스-한국

어서와, 프랑스 기업은 처음이지?

안미르

♥ 좋아하는 프랑스어는 'parfum'이다. 맨 처음 사람을 마주 할 때, 향기가 중요하다고 생각한다. 향기는 그 사람의 인상을 좌우하고, 그 사람의 정체성 보여주는 효과적인 도구이다. 또 어떤 향기는 너무 달콤해 평생 잊지 못할 기억으로 남고는 한다. 나는 좋은 향기처럼 사람들 기억에 오랫동안 남고 싶은 그런 존재가 되고 싶기에 parfum을 가장 좋아하는 프랑스어로 뽑았다.

어서와, 프랑스 기업은 처음이지?

··· 안미르 ···

본격적인 글을 시작하기에 앞서 짧은 방문기를 하나 소개할까 합니다. 12월 3일, 서래마을 파리 15구 공원에서 열린 크리스마스 전통 장터에 다녀왔는데요, 최근 3년 동안 코로나로 인해 행사를 개최하지 못하다 다시 행사를 개최하였다고 합니다.

크리스마스 프랑스 전통 장터는 올해로 20번째를 맞이하였습니다. 재외 프랑스인 협회(ADFE)와 한불 친선 협회(Seoul accueil)가 주관하는 행사이자 2003년부터 서래마을에 거주하는 프랑스인들과 주민들이 참여하는 행사이고, 행사로 벌어들인 수익금은 불우 이웃 돕기에 사용되는 아주 뜻깊은 활동입니다.

크리스마스 전통 장터에선 프랑스 디저트, 책, 와인 등 다양한 품

그림 80 크리스마스 프랑스 전통장터

목들을 판매하고 있었습니다. 프랑스인들이 대부분 부스를 이루고 있었고, 한국 사람들의 모든 지 신속하게 처리하려고 하는 문화에 익숙해

질 무렵, 느긋하게 축제를 즐기는 프랑스의 속도를 느낄 수 있었습니다. 또한 복잡한 와중에도 서로에게 안부를 물어보는 이 행사에서 프랑스의 관용을 온전히 느꼈습니다.

그림 81 프랑스인이 판매한 쥬얼리부스

그림 82 뱅쇼

 프랑스인들이 운영하는 부스뿐만이 아니라 한국인들이 운영하는 부스도 구경할 수 있었습니다. 서래마을 주민들이 판매하는 빈대떡, 다양한 분식 외에도, 인근 디저트 가게에서 팝업스토어를 열어서 상품을 판매하기도 하였습니다. 인상 깊었던 부스는 성신여대 프랑스어 문학과 학생들이 운영하는 부스였습니다. 직접 만든 크리스마스 카드를 판매하였는데, 이러한 부스 활동은 실제로 프랑스어를 현장에서 써 볼 수 있는 기회이기도 하고, 좋은 취지로 운영되는 행사이기 때문에, 참가할 기회가 있으면 불어를 배우는 학생으로서 같은 과 친구들끼리 한번 참가해 봤으면 하는 생각도 들었습니다.
 이번 행사에서 말을 주고받은 프랑스 여성 마리옹(Marion,가명)은 3년 만에 이런 행사를 다시 즐길 수 있어서 감회가 새로웠고 많은 한국 사람들이 와서 프랑스의 문화를 더 느끼고 체험해봤으면 좋겠다고 답했습니다.

그림 83 크리스마스 마켓 포스터

크리스마스 프랑스 전통 장터 탐방기는 여기서 마치고 이 책의 주제에 대한 힌트를 드리겠습니다. 위 포스터엔 책의 주제가 담겨 있습니다. 포스터 하단에 있는 회사의 로고들이 보이시나요? 이 로고들은 이 행사를 후원해 준 프랑스 기업들의 로고입니다. 포스터를 보면 한국 기업인 한화뿐만 아니라 한국, 프랑스 기업의 연결 고리 역할을 하고 있는 한불 상공 회의소, 프랑스의 금융 그룹인 AXA, 베올리아 코리아 등 다양한 프랑스 기업들이 후원 한 것을 알 수 있습니다. 사실 한국 내 무슨 프랑스 기업이 어떤 사회적 가치를 창출하는 활동을 했는지 관심을 가지는 사람은 많지 않죠. 하지만 이 행사처럼 한국 내 프랑스 기업들은 사회적 가치 창출을 위한 활동에 매진하고 있습니다. 이번 크리스마켓 행사는 한국 내 프랑스 기업들의 사회 공헌 활동 프랑스와 한국의 연결 고리인 서래마을의 지역 발전을 위한 공헌 활동을 꾸준하게 수행하고 있으며, 두 나라의 교류를 더욱 끈끈히 해주는 역할을 해주고 있죠. 프랑스 전통 장터 외에도 사회적 가치 창출을 위해 활동하는 프랑스 기업들 한번 알아볼까요?

제1장. Bonjour! Entreprise Française

로레알(L'oreal)

그림 84 [55]

　로레알(L'oreal)은 프랑스에 본사를 둔 세계 최대 화장품 기업입니다. 화장품에 관심이 많은 분들이 한 번 정도 들어본 제품들은 거의 다 로레알의 브랜드에 속하죠! (로레알의 브랜드- 랑콤, 비오템, 키엘, 조르지오 아르마니, 슈에무라, 입생로랑 뷰티, 클라리소닉, 메이블린 뉴욕 등) 한 브런치 칼럼[56]에 따르면 로레알은 매년 302조 이상의 매출을 달성하는 세계 1위의 화장품 회사입니다. 1907년 화학자 유젠 슈엘러(Eugene Schulier)에 의해 창립되었으며 염색약을 최초로 개발하였다고 합니다. 현재 로레알은 전 세계 150개국에 진출하였으며 총 36개의 글로벌 브랜드를 보유한 굴지의 1위 화장품 회사입니다. 로레알은 8년 연속 세계 최고의 윤리 기업으로도 뽑혔습니다. 그에 로레알 회장 (Jean Paul Agon)은 "로레알 그룹에 있어서 윤리는 기업의 성장과 혁신, 지속 가능성을 결정짓는 리더십의 근간으로, 로레알 임직원들은 항상 윤리를 고려 한다"고 말하였습니다. 로레알이 추구하는 윤리 원칙은 고스란히 로레알의 ESG 경영에도 영향을 끼치게 됩니다.

미슐랭(Michelin)

그림 85 [57]

　세계적인 맛집을 소개해주는 미슐랭가이드(Michelin Guide)는 이제 대표적인 맛집 평가 기준으로 사람들에게 잘 알려져 있습니다. 타이어 회사 미슐랭이 미슐랭가이드를 발간하는 사실을 모르는 사람을 찾기 힘들 정도인데요, 이번 장에서는 프랑스 타이어회사 미슐랭에 대해 알아보겠습니다.

　고무공장 노동자였던 미슐랭 형제는 하루 내내 자전거 바퀴 수리에 매진하는 작업방식을 바꿔보고자 직접 연구 하였는데요, 이 연구와 개발이 미슐랭의 시발점이었습니다. 회사 창립 2년 후 1891년 분리가 가능한 공기타이어 개발에 최초로 성공하였고, 1895년 경주대회에 미슐랭이 자동차용 공기주입식 타이어를 만들어 출전하면서 본격적으로 자동차 타이어 상용화를 시작하였습니다. 1946년 미슐랭을 세계 최고의 자리로 만들어 준 래디얼 타이어를 특허로 등록하였습니다. 래디얼 타이어란 옆면과 밑면이 한 덩어리로 이루어졌던 기존의 타이어와 다른 타이어로 접지력을 높이고 펑크 발생 확률도 낮은 혁신적인 제품이었습니다. 미슐랭은 래디얼 타이어로 승승장구 하였고 세계적인 기업으로 발돋움하였습니다. 하지만 잘 나가던 미슐랭은 1993년 무리한 경영으로 한 차례 위기를 맞이하였으나 다음 해에 최초로 개발한 친환경 '그린타이어'를 대중에게 선보여 재도약 하였습니다.

베올리아(Veolia)

그림 86 [58]

국내에선 많이 생소 할 법한 베올리아는 전 세계 산업시설에서 사용한 자원을 관리 및 활용 할 수 있도록 하는 프랑스 기업입니다. 베올리아 홈페이지에 따르면[59] 베올리아 그룹은 공공과 민간부문에 걸쳐 클라이언트의 지속 가능한 성과 창출을 위해 기업을 운영하고 있으며 베올리아를 통해 클라이언트들은 지속적인 성장을 이뤄낼 수 있다고 합니다.

베올리아는 현재 '자원을 미래의 생명으로(Resourcing the World)'의 문구를 걸고 지속 가능성을 목표로 둔 캠페인을 진행하고 있습니다. 베올리아의 총 매출액은 384억 유로이고 3대 주요 사업은 물, 폐기물, 에너지 서비스입니다.

그림 87 [60]

첫 번째, 베올리아의 물관리 부문입니다. 베올리아는 물을 용도에 맞게 가공해 공급하고, 사용한 물은 다시 사용될 수 있도록 재활용합니다. 작은 규모부터 산업적 규모의 운영까지, 베올리아는 비료와 전력 생산 같은 곳에서 다시 쓰일 수 있도록 재활용시킵니다. 베올리아는 폐기물을 감소시키기고 대체 자원 개발을 위해 혁신을 꾀하며 산업에 임하고 있습니다.

두 번째, 베올리아 폐기물 부문입니다. 폐기물 배출과 보건으로 환경 분야의 비용이 상승하고 있고, 이에 대한 지속 가능한 관리의 존재 여부가 모든 경제의 성패를 쥐고 있습니다. 베올리아는 매년 가정과 산업체에서 배출된 폐기물들을 수거하고 분류한 폐기물들을 뒤처리 및 재활용합니다. 폐기물 관리 뿐 만이 아닌 산업과 도시 서비스를 위한 자원으로 사용하는 등 생산 기술을 계속 연구하고 있습니다. 베올리아는 더 이상 사용할 수 없는 토양을 복원시키고 산업의 장비와 설비의 해체, 분해를 시키는 솔루션과 토양 복원 및 수명이 다한 산업 인프라와 설비들의 해체와 분해 솔루션 같은 분야에서 복잡한 오염원들을 예방 및 처리하는데 필요한 탁월한 전문 지식을 축적했습니다.

그림 88 [61]

세 번째, 기후변화와 가격 변화, 자원 고갈 등의 문제를 해결하기 위해서는 무엇보다 지속 가능한 에너지원을 제공할 수 있는 역량을 갖춰야 합니다. 베올리아는 효율적인 소비를 촉진하고, 폐기물을 자원으로 변환함으로써 저탄소 순환 경제를 위한 해결책을 제시합니다.

또한 환경 및 경제적 성과를 개선하고자 하는 기업과 파트너가 되어, 새롭고 친환경적이며 지속 가능한 에너지원을 사용하는 새로운 산업 공정을 개발하기 위하여 노력하고 있습니다.

한국과 프랑스 기업의 징검다리 한불상공회의소

기업이 한 국가에 진출하고 안정적으로 정착하기 위해선 어떤 방법이 필요할까요, 훌륭한 상품? 훌륭한 인적자원? 앞서 언급한 요소들도 중요하지만 양 국가의 교역과 투자와 비즈니스를 증진 시키는 상공 회의소도 한 방법이 될 수 있을 것입니다

한불 상공 회의소는 450여 개의 한국과 프랑스 기업을 회원사로 두고 있고, 프랑스 시장과 한국 시장에서의 비즈니스를 성공적으로 이끌어주는 기관인데요, 이처럼 한국과 프랑스 기업의 비즈니스에서 가교역할을 해주는 한불 상공 회의소와 인터뷰를 진행하였습니다.

한불상공회의소와의 인터뷰

1. Q: 안녕하세요, 한불 상공 회의소 소개 부탁드립니다.

   A: 한불 상공 회의소(FKCCI)는 1986년부터 주한 한불 커뮤니티를 대변하고 있습니다, 현재 450개의 한국과 프랑스 기업은 전 사업에서 활동하고 있습니다. 한불 상공 회의소의 역할은 프랑스와 한국 사이의 무역, 투자, 무역 관계를 증진 시키는 것입니다.

2. Q: 한불 상공 회의소의 회원사는 어떤 기업들이 있을까요?

   A: 르노 코리아, BNP파리바, 로레알, 마자르 코리아, 에쓰오일 토탈에너지 등 450여개의 회원사를 보유하고 있습니다. 상공 회의소에는 또한 수입/유통회사, 컨설팅회사, 혁신적인 제품 및 서비스를 생산하는 회사 등 다양한 기업들과 함께하고 있습니다.

3. Q: 한불 상공 회의소의 대표적인 활동을 말씀 해주세요.

   A: 비즈니스 서비스, 행사 및 커뮤니케이션 세 부분으로 나뉩니다. 우리는 비즈니스 서비스, 한국 시장 개발 및 시장 조사와 전망, B2B 매칭, 기업의 정착 지원 및 행정 지원과 같은 다양한 서비스를 제공합니다. 행사부는 한·불 재계를 알리는 13개의 단독 행사와 프랑스 및 한국 단체와의 긴밀한 파트너십 네트워크를 개발해 회원들과의 커뮤니케이션을 원활하게 합니다. 매년 열리는 갈라 또는 바스티유의 날, 13개의 주요 컨퍼런스 및 세미나 축하 행사가 있습니다. 또한 지역 경제정보 커뮤니티에 대한 정보를 제공하는 커뮤니케이션 서비스를 제공하고 있습니다, 또한 꼬레 아페르를 통해 한불 커뮤니티, 한불관계, 경제, 비즈니스 등 최신소식을 전할 뿐만 아니라 주한 불어권 커뮤니티에게 훌륭한 홍보 매제 역할을 수행 합니다.

4. Q: 코로나19 이후로 한국 내 프랑스 기업의 트렌드엔 변화가 생겼나요?

A: 아시아 시장 전반에 접근하려는 많은 기업들은 한국 내 시장뿐만이 아니라 아시아의 다른 주요 시장으로서의 수출 중심지가 한국이기 때문에 점점 더 한국을 자신을 확립하기 위한 전략적 요충지로 보고 있습니다. 한국의 인프라와 유통 채널은 좋은 성과를 내고 있고 시장 흐름에 빠르게 적응하고 있습니다. 인천공항과 부산항을 통해 한국은 아시아 개발의 진정한 허브를 제공하고 있습니다. 또한 자유무역협정을 체결하였으며, 유럽과 한국 간 자유무역협정으로 관세 장벽이 완화되었고, 팬데믹 이후 국제적으로 지위가 더 높아졌습니다.

5. Q: 파리 기후 협약 이후, 단순 CSR이 아닌 ESG가 트렌드입니다. 전체적으로 한국 내 프랑스 기업에도 ESG적 측면에서 어떠한 변화가 있나요?

A: 네, 지구 온난화, 사회적 불평등, 경제 위기와 같은 전례 없는 과제에 직면하여 ESG의 원칙이 프랑스 기업의 경영에서 점점 더 공식화되고 중요해지고 있습니다. 파리 기후 협약에 따른 노력은 2030년까지 평균 기온 상승을 1.5도로 유지하기에는 아직 충분하지 않지만, 이에 대한 인식과 행동 수단은 강화되고 있습니다. ESG에 대한 법적 요건이 강화되고 있으며 프랑스는 2001년부터 NRE법(신 경제 규제법)에 따른 기업에 대한 환경·사회적 신고 의무를 선도적으로 도입해 왔으며, 2010년 그레넬법으로 순차적으로 확대돼 500인 이상 기업은 프랑스 내 판매되는 전 제품에 탄소 라벨링 부착을 의무화하였습니다, 2020년에도 유럽은 처음으로 녹색 분류체계를 도입했습니다. 이런 맥락에서 기

업들의 참여도가 높아지고 있고 미슐랭이나 베올리아와 같은 기업들이 ESG 측면에서 훌륭한 성과를 보이고 있습니다.

6. Q: 한국과 프랑스 기업들의 가교역할을 하고 계신데, 뿌듯한 점 혹은 고충이 있으신지 궁금합니다.

   A: 한불 상공 회의소는 한국 진출을 희망하는 프랑스 기업들이 한불 상공 회의소의 노력과 함께, 점점 더 많은 숫자의 기업이 한국으로 진출하고 확장하고 있다는 것에 자부심을 느낍니다. 예를 들어, 지난 9월 한국과 프랑스의 스타트업 생태계 혁신과 국제적 협력 증진을 위해 개최된 테크포굿 투어의 일환으로, 우리는 25개의 프랑스 스타트업을 초대했습니다, 서울 투자청과 같은 한국 정부 기관과 프랑스-한국 커뮤니티가 만나 두 나라의 혁신적인 생태계를 교류했습니다. 이 과정속에서 협업이 등장하고, 열정이 넘치며, 성공적인 결과를 목격하였습니다. 이러한 것 또한 우리에게 자부심을 주고 있습니다. 하지만 프랑스와 한국 사이에는 여전히 많은 규제, 문화, 언어 및 기타 진입 장벽이 있습니다. 기업들이 프랑스와 한국 생태계를 쉽게 오가는 한불 상공 회의소를 활용하는 데 관심을 갖는 이유이기도 합니다.

7. Q: 마지막으로 한불상공회의소의 비전이 무엇인지 궁금합니다.

   A: 우리의 역할은 한국과 프랑스 기업 간의 사업 발전을 장려하고 양국 간의 무역, 무역, 투자를 촉진하는 것입니다. 이러한 목표를 달성하기 위해 프랑스 및 한국 기관 및 기업과 파트너십을 구축하여 국내 회원사의 상업적 이익을 보다 잘 대변할 수 있도록 네트워크를 확대하고 강화하고자 합니다.

제2장. 프랑스 경영의 A TO Z

프랑스 경영의 변천사

그림 89 [62]

프랑스 경영학의 발전에 영향을 준 사람은 사바리(Savary)입니다. 프랑스 학자인 그는 1657년 완전한 상인이란 책에서 상인이 사업을 운영하는데 필요한 지식을 광범위하게 다뤘는데요. 유럽의 학자들은 이 책이 출판된 년도를 경영학의 출발점이라고 보고 있어요. 상업학 및 경영학 성립의 기틀을 마련한 최초의 문헌이라고 할 수 있죠. 그 이후 경영을 공부하는 학생 혹은 조직 관리에 관심이 있는 학생들은 한 번씩 들어보신 적이 있는 인물 페이욜(Payol)이 1916년에 출판한 산업 및 일반 관리에서 기업의 고유 직능을 규모 그리고 종류에 상관없이 6가지로 구성된다고 하였습니다. 또한 경영 관리 직능의 5요소, 관리 일반 원칙을 제시하였습니다.

프랑스의 기업문화는 유연한 고무와 같습니다.

그림 90 [63]

『역사를 통해 본 유럽의 서로 다른 문화 읽기』[64]에 따르면 프랑스인은 규칙이나 명시된 걸 그대로 적용하는 스타일이 아니라는 점을 명시하고 있습니다. 이 사실은 여러분이 대중 매체를 통해 어느 정도 짐작을 했을 것입니다. 어느 이슈가 생기면 광장으로 나와서 시위를 하고 자유롭게 밝히는 프랑스인의 모습을 말이죠! 프랑스인들은 생각을 솔직하고 분명하게 말하는 것을 좋아하고 자유분방한 것을 알 수 있습니다. 이러한 프랑스인의 특징은 경영 문화에서도 묻어 나옵니다. 기계적으로 법조문을 따르는 것보다는 궁극적인 가치가 즉 융통성이 중요하다고 생각하죠, 법과 규칙은 상황에 따라 해석이 되어야 한다고 프랑스인들은 생각합니다. 이러한 가치관이 존재한 사회에서는 융통성이라는 가치가 프랑스인들에게 주요한 덕목으로 자리 잡았는데요, 법을 문장 그대로 받아들이는 것이 아니라 이 나라 규칙 그리고 법을 해석하는 데에 있어서 휴머니즘, 인간적인 요소가 들어간다고 합니다. 하지만 동전에도 양면이 있듯이 이러한 점에는 장점과 단점이 존재합니다. 기존의 권력자들이 법을 자신들 마음대로 해석하고 적용할 수 있는 위험이 있죠.

그림 91 [65]

모든 일에는 원칙이 존재하고, 원칙은 지켜져야 합니다. 법이나 원칙을 무조건 따르는 것보다는 상황에 맞게 처리하는 유연함을 가지고 있어야 합니다. 이런 상황에서의 융통성은 원칙에서 일정부분 어긋나지 말아야 하며 원칙을 뒤로 하더라도 문제가 발생하지 않는 것과 더불어 긍정적인 효과까지 올 수 있어야 합니다. 이러한 융통성을 악용해 불법을 꾀할 수 있고, 더 큰 부작용을 낳기도 하고 종종 21세기 장발장 같은 생계형 범죄에 대해 엄격하게 처리하는 거 아니냐 하는 의견도 제기되고 있습니다. 과연 법과 융통성, 이 상반된 두 단어는 같이 존재할 수 있을까요?

달팽이처럼 생긴 프랑스 기업문화

『역사를 통해 본 유럽의 서로 다른 문화 읽기』[66]에 따르면 프랑스인은 어떤 비즈니스를 진행할 때 여러 가지 외부의 일들을 경험하고 갈래를 잡은 뒤 안건을 회의하고 결정합니다. 이러한 이론을 달팽이 이론이라고 합니다. 프랑스인들은 본격적인 회의에 들어가기에 앞서, 식사 시간을 통해 파트너와 대화를 나누고 많은 생각들을 공유한 다음 본격적으로 일에 관해서 이야기를 나눕니다. 프랑스인과 일을 진행 할 때에는 서로 이야기를 나누면서 친해지는 게 우선이고 상황의 법을 공유할 수 있어야 합니다. 그렇기에 돈과 시간 많은 투자가 필요하고, 직선적인 방법으로 프랑스인과 비즈니스를 진행하지 말아야 합니다. 의견이나 비판을 제시할 때는 간접적으로 얘기해야 합니다. 요즘

그림 92 [67]

MZ세대의 표현을 빌려 말하자면 뼈 때리는 표현[68]은 지양해야 한다고 합니다. 협상 과정에서도 직선적인 의사표시를 지양하고 간접적인 의사전달에 익숙해져야 합니다. 프랑스인은 일을 하면서도 좀 인생을 즐기면서 일을 행한다는 그들의 가치관과 관련되어 있습니다. 프랑스인들은 정서적이고 감정이 풍부하기에 한 사람과 조직은 감정으로 깊은 연관 관계가 있습니다. 예를 들자면 우리나라의 직장 식사 시간과 비교하면 프랑스의 공식적인 점심은 한 시간 반으로 훨씬 긴데, 이는 단순히 미식을 즐기는 것만이 아니라 밥을 같이 먹으면서 친해지고 사람과의 만남을 즐기고 삶을 향유 하는 것으로 볼 수 있습니다.

가치를 중요시 여기는 프랑스 기업

그림 93 [69]

어서와, 프랑스 기업은 처음이지?　**117**

『역사를 통해 본 유럽의 서로 다른 문화 읽기』에 따르면 프랑스인들에게 있어서 비전은 프랑스인들을 움직이는 가장 중요한 가치 중 하나라고 할 수 있습니다. 이 비전을 이용해 하나의 개인들은 집단에 묶여지고 이 비전이란 가치는 역사가 바탕이 된 것이어야 합니다. 비전이란 가치는 위대한 것으로서 실현 가능한 패턴을 의미하고 또한 위대한 것에 대한 동참 그리고 찬양을 뜻합니다. '위대한 프랑스', '위대한 프랑스 건설', '위대한 나폴레옹' 등 수식어가 붙기도 합니다. 자연스럽게 이 비전이란 가치는 프랑스 속 위인과 영웅들에게 결부되는데요. 예를 들어 프랑스 혁명 영웅, 드골, 앙리 4세, 잔 다르크, 나폴레옹 등이 이 영웅들에 속합니다. 영웅을 계속해서 고대하였던 프랑스인들에겐 드골에게서 다시 한번 위대한 프랑스라는 비전을 찾았습니다. 프랑스인들에게 비전 제시가 멈추어지면 그들은 혼란에 빠지기 때문에 비전이란 가치는 프랑스인들에게 계속해서 제시되어야 합니다.

프랑스의 정치가인 자크 들로어 (J. Delors)는 '자전거 이론'으로 프랑스인들의 행동을 설명하였습니다. 이미 제시된 방향대로 페달을 굴리면 자전거는 앞으로 나아가지만 방향을 못 잡아 멈추게 되면 자전거는 쓰러진다는 것입니다. 자전거 이론에 따르면 프랑스인들은 비전 제시가 중단 될 경우 혹은 그러한 낌새가 감지 될 때 불안감에 사로잡혀 방향감각을 잃고 정체와 혼란을 야기 시킨다는 것이죠.

프랑스인들은 계획을 장대하게 세우는 것에 공을 들이고, 수립한 계획을 실천하는 과정에서 보다 더 큰 노력을 들인다고 합니다. 수립한 계획을 끝까지 실행하기 위해서는 많은 일을 해야만 하지만, 일에만 갇혀 살기에는 현재의 삶을 향유 하는 것이 중요하다는 것입니다. 그들은 비전을 중요하게 생각해서 그런지 기획 부서가 인기가 많습니다. 프랑스는 경제 계획에서 앞서가는 나라라 기업의 전략 플랜은 미래를 보고 상세하게 수립됩니다. 기업의 규모가 커질수록 계획은 더욱 세밀하게 수립되며 기간도 오래 걸린다고 합니다.

한국의 전통적인 기업 문화는 무엇일까?

그림 94 [70]

앞서, 프랑스의 전통적인 기업문화를 알아보는 것에 이어서 한국의 전통적인 기업문화에는 어떤 특징이 있을까요? 영화 국제시장 같은 근현대사 창작물을 봐도 알 수 있을 만큼 우리나라는 한강의 기적이라 불릴 만큼 짧은 사이에 놀라운 경제성장을 이뤄냈습니다. 그에 따라 구시대의 전통적인 가치와 현대문화가 혼재되어 근로 인식 변화와 여성의 사회 진출 등 여러 가지 변화가 나타났습니다. 우리나라 기업 전반에 영향을 주는 큰 가치는 가족경영, 그리고 가족경영의 장자 승계의 원칙

그림 95 [71]

어서와, 프랑스 기업은 처음이지? **119**

그리고 상사와 부하직원의 주종관계 등이 있습니다. 시대가 변함에 따라 많은 기업들이 새로운 리더십을 도입하고 수평적인 조직구조로 개편을 시도하고 있지만 대다수의 기업들의 기업문화엔 앞서 말한 전통적 가치가 크게 자리 잡고 있습니다.

가치를 제일 중요하게 생각하여 기업의 한 해를 기획하는 기획 부서가 인기가 많은 프랑스와 달리 한국은 성장에 주안점을 두는 기업문화가 대부분의 기업에 자리 잡고 있습니다. 한국의 성장을 지향하는 기업문화는 생산과 시장확보를 주력하였기에 마케팅 분야와 생산 분야를 중요시 여기는 풍토가 있습니다.

생각 해 봅시다!

기성세대들 중 어떻게 MZ세대와 일을 해야 하는지 어려움을 토로하는 직장 상사들이 많다고 합니다. 기성세대와 MZ세대, 기업 문화에서 어떤 방식으로 갈등을 해결해야 할까요?

제3장. 슬기로운 ESG

ESG란 뭘까?

그림 96 [72]

이제 본격적으로 ESG를 알아봅시다. 몇 년 전까지만 해도 경제 뉴스를 보면 안 보이는 단어들이 눈에 들어오기 시작하였습니다. ESG, 가치, 상생 등 몇 년 전까지의 기존 경제 뉴스에서 보지 못했던 용어들이 그것입니다.

환경(Environment), 사회(Social), 지배 구조(Governance)를 뜻하는 ESG는 투자자의 관점에서 기업의 비재무적 요소를 평가하기 위한 중요한 기준으로 활용되고 있습니다. ESG는 한 기업을 넘어 자본 시장과 한 국가의 성패를 가르는 중요한 요소로 이제는 선택이 아닌 필수로 여겨지고 있습니다. 과거에는 기업을 평가 할 때 얼마를 투자해서 얼마를 벌었는가? 즉 이 기업이 얼마나 사업 수완, 돈을 중심으로 기업을 평가했으나 기후변화 등 최근 기업이 사회에 미치는 영향력이 커짐에 따라 비재무적인 지표로 기업의 가치를 평가하기 시작했습니다.

ESG가 왜 필요하지?

자, ESG는 무엇인지 알았고 왜 필요한지 짐작이 가시나요? 온갖 뉴스에서는 ESG가 중요하다고는 하지만 정작 ESG가 왜 필요한지 모르고 있을 수도 있습니다. ESG의 필요성이 대두된 이유는 첫 번째, 기후변화입니다. 우리가 어릴 때부터 대중 매체에서 줄곧 나왔던 지구가 아파요, 북극곰이 설 자리를 잃어가고 있습니다. 텔레비전에서만 보았던 문구들은 먼 나라 얘기인 것만 같았고, 우리의 현실과는 동떨어져 있는 느낌을 지우지 못했습니다, 기업 또한 사회 공헌의 차원으로 환경을 다뤘지, 기업의 생존 수단, 기업의 중요한 재무적인 지표로 다루진 않았는데요. 하지만 환경 문제가 날이 갈수록 중요해지고 각 나라에서 심각한 주제로 대두되었습니다. 아래 표를 보면[73]알다시피 기후변화에 대응하지 않으면 경제가 퇴보할 것이라는 예측들이 나오기 시작했고, 우리나라의 경우 GDP는 10퍼센트 넘게 추락하고 우리나라의 산업군들은 적자를 기록하게 될 것이란 전망도 나왔습니다.

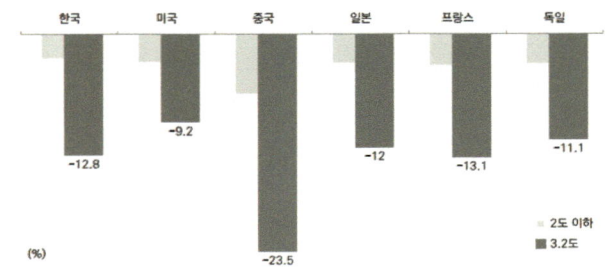

그림 97 기후변화에 따른 2050년 GDP 예상 감소율, 미래에셋 증권(2021), ESG way global ESG report

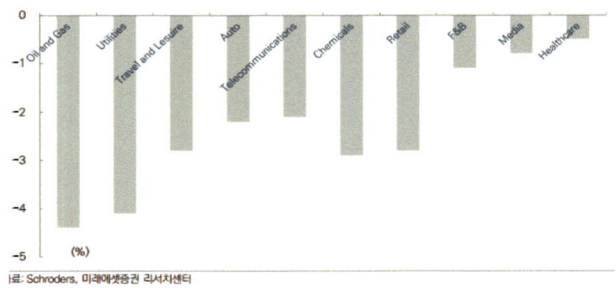

그림 98 기후변화에 따른 산업별 EV하락 추정, 미래에셋 증권(2021), ESG way global ESG report

두 번째, 투자기준입니다. 저는 펀드나 주식 같은 직접 투자에 관심이 많아 기업에 대해 알아보고 있는데요, 투자를 할 때 보통 재무 상태표나 현금 흐름표 등 기업의 성과나 수익과 관련된 재무제표를 보고 투자를 하곤 합니다. 하지만 최근 투자의 트렌드가 재무적인 지표만 확인하는 것이 아니라 비재무적인 지표 ESG적인 요소도 검토하는 것으로 바뀌었는데요. 세계 최대 자산 운용사인 블랙록의 래리 핑크 회장이 투자기업

CEO들에게 보내는 서한이 전 세계 기업에 큰 영향을 끼쳤습니다. "지속 가능성을 투자 1순위로 놓고 투자해라" 이를 시작으로 기업의 환경 보호나 사회적 책임, 그리고 기업의 지배 구조와 같은 비 재무적 성과를 보고 많은 기관과 개인들이 투자를 결정하는 추세입니다.

세 번째 신용 평가 시 ESG요소를 고려합니다. 스탠더드 앤드푸어스 (S&P)와 무디스, 피치와 같은 신용 평가 기관은 2019년부터 기업의 신용을 평가할 때 ESG요소를 고려한다고 밝혔습니다. 신용 평가 기관이란 자산유동화 증권을 신용 평가하여 신용 등급을 부여하는 기관인데요, 여기서 자산 유동화 증권은 부동산, 채권 같은 상대적으로 유동성은 떨어지긴 해도 재산적 가치가 있는 자산을 담보로 증권을 발행하여 유통 시키는 방법으로 대상 자산의 유동성을 높이는 일반적인 행위입니다[74]. 이러한 필요성을 근거로 ESG가 전 세계 금융에 중요한 키워드로 부상하였습니다.

그림 99 [75]

ESG의 중요한 한 해 2015년, 파리 기후 협약

2015년 프랑스 파리에서 열린 제 21차 유엔 기후변화 협약(UFCC: United nations framework convention on climate change) 당사국 총회에

서 2005년에 시작하여 2020년에 만료될 교토 의정서를 대체할 기후변화 국제협약, 파리 기후 변화 협약이 채택되었습니다. 파리 기후 협약은 선진국 뿐 만이 아닌 선진국과 개발도상국을 아우르는 195개의 당사국에게 적용한 기후 합의입니다. 파리 기후 협약 이행 점검을 위해 5년 주기로 195개국의 온실가스 배출과 온실가스 감축 이행을 점검하기로 명시되고 있습니다. 네이버 지식 백과[76]에 따르면 교토 의정서에는 선진국과 개발도상국의 역할이 언급됐고, 2000년 이후 기후변화를 위한 실천 사항이 포함되어있어 기후변화 협정이 구체적으로 추진 될 계기를 만들었습니다. 하지만 교토 의정서에는 선진국들이 온실가스 감축을 부담스럽게 여겨 법적 비준이 지연되는 걸 야기 하였고, 몇 년이 지난 후 그제서야 발효 될 수 있었습니다. 다양한 오르막길과 내리막길을 반복한 교토 의정서의 성과는 어땠을까요?

그림 100 [77]

우선 전문가들은 실질적인 성과는 없었다는 것이 주류 의견입니다. 경제성장 논리와 충돌하여 한계점이 드러났다는 것이 원인으로 여겨지고 있습니다, 심지어 감축 의무를 행해야 할 선진국 중 아예 파리 기후 협약을 이탈하는 국가도 생겨 교토 의정서의 취지는 퇴색되고 말았습니다. 하지만 우리는 늘 새로운 길을 찾는 것처럼 기후변화도 예외는 아니었습니다. 2015년 파리 당사국 총회에서 196개국의 만장일치로 파리 기후 협정에서 채택된 파리 기후 협약의 핵심은 지구의 기온 상승을 2도보다 낮은 수준으로 유지하고 거의 모든 국가들이 참여한 것입니다.

사실 평균 기온 상승을 2도보다 낮은 수준을 유지하도록 한다는 표현은 애매하다 느낄 수 있지만 그 내부를 살펴보면 온도 상승을 1.5도 이하로 유지하기 위한 노력을 이행한다는 내용도 포함하고 있다고 합니다. 따라서 파리 기후 협정 교토 의정서를 비교해보자면 첫 번째, 온실가스 감축에 집중한 교토 의정서보다 포괄적입니다. 두 번째, 선진국 37개의 나라만 맡았던 교토 의정서와는 달리 거의 모든 국가에게 해당 됩니다. 세 번째, 감축 목표를 UN에 보고하고 이행 여부를 검증합니다.

생각 해 봅시다

2022년 신 기후 체제에 들어선 지 일 년 차가 넘어갑니다. 지금 당면해있고 또한 앞을 펼쳐질 신 기후 체제를 위해선 우리나라는 무엇을 준비해야 할까요?

제4장. 프랑스 기업, 한국에서 ESG를 외치다

로레알(L'oreal)

로레알은 투자기관 코퍼레이트 나이츠 (Coporate knights)가 선정한 2020 글로벌 지속가능 경영 100대 기업 중 98위를 차지할 만큼 ESG에 앞장서는 기업 중 하나입니다, 한 블로그에 따르면[78] 로레알은 2013년 그룹 ESG 프로젝트인 'Sharing Beauty With All'을 계획하고 상품 디자인부터 유동까지 모든 단계에서 지속 가능이란 가치를 추구하기 위해 노력했습니다. 단순히 동물 원료를 식물추출물로 바꾸는 것만 이 아닌 원재료 조달 방식부터 포장재에 사용되는 재료까지 다양한 분야를 고민해야 했습니다.

그림 101 [79]

로레알은 이를 위해 네 가지 분야를 정하여 각 분야의 목표를 만들었습니다. 혁신 분야에서는 새로 출시되거나 재출시된 상품들이 환경과 사회에 미치는 영향을 최소화 하려고 노력하였으며, 생산 분야에서는 제품 생산부터 운반까지 과정에서 배출되는 폐기물과 온실가스를 감소시켰습니다.

삶 부문에서는 로레알의 제품들이 환경과 사회에 어떤 영향을 미치는지를 측정하고, 측정 결과를 모두가 확인이 가능 하도록 하였습니다. 발전 부문에서는 저소득층을 위한 일자리를 창출해 냈고, 직원의 복지에 힘을 쓰는 등 지역사회와 직원의 발전을 위해 최선을 다하고 있습니다.

ESG에 진심인 로레알이 과연 한국에서는 어떤 활동을 하였을까요? 한불상공회의소가 발간한 꼬레 아페르 N.112 ESG편[80]에 따르면 로레알 코리아와 롯데 백화점은 2022년 4월 2일 지속 가능성과 ESG를 위한 협약을 체결하였다고 합니다. 스년 동안 로레알 본사와 로레알 서울지

사는 화장품 용기의 재활용 캠페인을 진행하여 ESG문제에 대하여 해결책을 제시하는 것 뿐만이 아니라 친환경적인 제품 디자인 그리고 생산하기 위해 노력해오고 있습니다. 로레알은 뷰티 분야의 전문성 이외에도 롯데의 리테일 노하우와 이해에 대해 기댈 수 있을 것입니다, 두 기업은 친환경 제품의 홍보, 업 사이클링 아트 캠페인과 장애 예술인 지원을 진행함을 밝혔습니다.

두 번째, 로레알 코리아와 서울문화재단이 함께 진행한 장애 예술인 작품 공모전 시상식입니다. 이 공모전은 2022년 6월 28일 장애 예술인 친환경 예술작품 창작을 지원을 위한 업무 협약의 일환으로 개최하였고 국내 장애 예술가로 진행되었다고 합니다. 공모전 수상작은 로레알 코리아 친환경 박스 패키징에 적용되었습니다.

미슐랭(Michelin)

한 블로그에 따르면[82] 미슐랭은 판매하고 있는 타이어의 생명 주기 전반에 대한 탄소 배출량을 관리하고 있다고 합니다. 이것을 Life Cycle Assessment 라고 부르는데요, 미슐랭은 이것을 통해 표준 4만km를 주행한 결과 타이어의 건강과 환경 악영향의 92퍼센트 이상이 사

그림 102 [81]

용하는 중에 일어났다는 것을 밝혀냈습니다. 이는 주로 '타이어의 회전 저항 때문'이라는 것을 알아냈고, 이 점을 제품을 개발할 때 반영하여서 회전 저항을 개선한 제품을 내놓기 시작하였습니다.

제품 개선은 직접적으로 기업의 온실가스 배출량과는 상관이 없으나

미슐랭이 타이어를 개선하면 결국 이득을 보는 건 타이어의 사용자인 소비자들입니다. 미슐랭은 단순히 타이어를 판매하는 것에 멈추는 것이 아닌 다양한 도전을 하고 있습니다. 예를 들어 지금은 중단된 Pay the mile 이라는 제품은 타이어를 한 개, 두 개 단위로 구매하는 게 아니라 주행거리 별로 돈을 내는 획기적인 방식이었습니다. 만 마일 상당의 타이어 사용량을 구매하면 그 기간엔 미슐랭이 고객의 서비스 사후관리를 제공하는 것이죠. 이렇게 미슐랭이 타이어에 대해 관리해주면 제품 수명도 늘어날 뿐만 아니라 연료 효율도 개선되는 효과도 있습니다. 이는 결국 탄소 배출을 감소시키는 효과로 귀결됩니다.

미슐랭의 ESG 활동 중 특이점은 미슐랭은 ESG에 관해서 구체적인 목표와 진행 상황을 공개하고 있다는 점입니다. 2050년까지 스코프 1, 2, 3으로 세분화 시켜 각 단계의 목표와 얼마나 달성했는지를 미슐랭 홈페이지를 통해 보여주고 있습니다. 사실 ESG는 한 번에 달성하기 어려운 가치라 생각이 들고 분명 장기적인 프로젝트로 해내야 합니다. 이런 점에서 미슐랭은 현재에는 완벽하게 달성은 못 했지만 시도해나간다는 차원에서 박수받을 기업이라 생각합니다. 차근차근 달성해 나가는 미슐랭은 한국에서 과연 어떤 ESG활동을 펼치고 있을까요?

꼬레 아페르[83]에 따르면 미슐랭 코리아는 2022년 5월 9일부터 27일까지 플로깅 캠페인을 진행했다 합니다. 캠페인 기간 동안, 플로깅을 하면서 친환경 생분해성 봉투나 친환경 바구니 등 플로깅 키트를 제공하고 인증샷 이벤트를 진행해 주변 환경을 살펴보고 정화하는 시간을 가졌다고 합니다. 이 캠페인을 통해 100명의 미슐랭 코리아의 직원 중 50명이 60시간 동안 100km가량을 걸어 쓰레기를 주웠다고 합니다.

두 번째, 미슐랭 코리아는 2022년 2월 NGO단체 월드 비전에서 선정한 꿈 꾸는 아이들 청소년 100명과 청소년의 가족들 대상을 초대해 미슐랭 가이드 서울 2022에 선정된 레스토랑 15곳에 초대하여 식사를 제공 하였다 합니다. 이 외에도 미슐랭은 10년 이상 시각장애인을 후원하고 다양한 사회 공헌 활동을 이어오고 있습니다.

베올리아 (Veolia)

꼬레 아페르의 베올리아 인터뷰[84]에 따르면 베올리아는 환경을 최우선으로 생각하는 기업으로 기업의 성장과 변화를 위한 행동 계획법률이 정한 바에 따라 ESG에 대한 역할을 하는 기업이라 합니다. 베올리아는 HR 속 ESG를 실천하기 위해 다양성과 포용이라는 개념을 적극 도입 하였습니다. 베올리아의 임직원 성비나 여성 리더와 같은 문제에 관심을 기울이고 있고, 이에 따른 다양한 프로그램을 계획하고 진행하고 있습니다. 전 세계 베올리아 지사가 실행하고 있는 위두(WE DO)라는 프로그램은 여성의 날이 되면 지사장이 행사를 마련하여 이 프로그램을 진행합니다. 또한 직원 채용 시 적어도 1/3은 여자여야 한다는 기준에 부합하고자 노력하고 있습니다. 사실 이 분야가 남성성이 짙은 분야이나 각고의 노력 끝에 다양성이 강한 회사로 탈바꿈 중입니다.

그림 103 [85]

이러한 베올리아는 한국에서 인상적인 ESG 활동을 펼치고 있습니다. 꼬레 아페르 N.112[86]에 따르면 울산에 위치한 베올리아 코리아의 산업 폐기물 처리 사업장 유니큰이 SK이노베이션으로부터 2022년 ESG 우수 협력사 인증을 받았다 합니다. 이 선정은 ESG 리스크 심화 평가를 통해 이루어졌고 수천 개의 기업 중 23개 기업만 선정되었습니다. 베올리아는 SK이노베이션에 전문적인 폐기물 서비스를 제공하는 것뿐만이 아니라 환경측면에서도 노력한 점을 인정받아 이 인증을 받았습니다.

마무리하며..

그림 104 [87]

이 책을 통해 대표적인 한국 내 프랑스 기업과 ESG의 개념과 한국내 프랑스 기업의 ESG 활동에 대해 알아봤습니다. 사실 한국 내 프랑스 기업들이 열심히 ESG 활동을 전거한다는 것을 이 책을 쓰면서 더 자세히 알게 되었고, ESG 활동에 자신들의 회사 비전을 포함해 자신의 색깔을 입혀 활동하는 게 인상 깊었습니다.

한국 또한 ESG 활동에 적극적 이란 건 공공연한 사실입니다. 꼬레아페르 N.112 [88]에 따르면 경제인 연합회에서 실시한 조사에서 ESG가 기업 호감도 개선에 영향을 미친다는 것으로 나타났고 우리나라 기업에 이젠 ESG가 핵심 가치가 되고 있단 것을 알 수 있습니다.

이에 발맞춰 한국 정부도 국내 ESG 가이드 라인과 각종 ESG 정책과 더불어 우수기업 인센티브 제공과 같은 혜택을 내놓았습니다. 또한 수많은 기관과 기업들이 주최하는 강연과 세미나 그리고 포럼까지 물 밀듯이 이어지고 더 나아가 ESG 전문가 과정까지 등장하여 우리는 ESG 홍수 속에서 산다 해도 과언이 아니라 할 수 있습니다. 이러한 상황 속에서 전문가가 아닌 일반 대중들이 보기엔 ESG가 정확하게 무엇인지 어디로 가는 건지 혼란스럽고, 이 상황 속에서 정부와 회사 그리고 우리는 무엇을 해야 할지 도통 알 수가 없죠, 우리는 정책도 회사 목표 수립에 직접적으로 개입할 수 없습니다.

그렇다고 정치인과 기업인만이 ESG를 실현할 수 있을까요? 우리는 소비자 그리고 유권자라는 강력한 힘을 가지고 있습니다. 어느 후보자가 어떤 환경 정책을 공약으로 내세우는지 잘 살펴보고 어떤 게 우리한테 이로울지 비교한 다음 투표를 하는 것도 ESG를 실현한다고 생각합니다. 또한 어느 기업이 윤리적 혹은 환경적인 측면에서 부도덕한 행위를 하는 것이 밝혀지면 그 제품을 구입 하지 않거나 혹은 ESG 이념을 잘 실천하는 기업의 제품을 사는 것 또한 우리가 손쉽게 ESG를 실천하는 방법입니다.

프랑스의 기업과 기업문화, ESG경영을 통해 프랑스를 살펴보았습니다. 프랑스에는 예술뿐만이 아닌 세계적으로 저명한 기업들이 포진되어 있고, 이 기업들의 경영방식과 그룹의 아이덴티티와 함께 어우러진 지속 가능한 발전을 꾀하는 프랑스를 이 책으로 인해 한번 더 관심을 가지는 계기가 되었으면 하는 바람입니다.

참고문헌

환상의 나라, 프랑스 동화랜드로!

네이버, 「네이버 지식백과-파리 프랑수아 미테랑 도서관」, 2022년 11월 22일. 「https://terms.naver.com/entry.naver?docId=6632008&cid=63855&categoryId=63855」
레미 쿠르종, 『아무것도 없는 책』, 이성엽 역, 주니어RHK, 2021.
레미 쿠르종, 『커다란 나무』, 나선희 역, 시공주니어, 2017.
박임전, 김정란, 『뻬로와 함께 프랑스 동화산책』, 숙명여자대학교 출판국, 2004.
샤를 페로, 『온 가족이 함께 읽는 샤를 페로 고전 동화집』, 김설아 역, 단한권의책, 2013.
안느-가엘 발프, 『고약한 결점』, 이성엽 역, 파랑새, 2017.
윤기윤, 「'열여라 도서관, 피어라 꿈'-파리 비블리오 루도테크 어린이도서관」, 『충북일보』, 2015.7.16.
정헌희, 「못골 한옥 어린이 도서관, '2022년 어린이 과거시험 일필휘지' 개최」, 『한국강사신문』, 2022.8.8. 「https://www.lecturernews.com/news/articleView.html?idxno=103945」
최지혜, 「프랑스 도서관을 중심으로 살펴 본 도서관의 미래」, 『디지틀도서관』, 72(0), 77-96, 2013.
JTBC 뉴스운영팀, 「'차이나는 클라스' 프랑스 민담엔 왜 사기꾼이 자주 등장할까?」, 『JTBC 뉴스』, 2020.5.13. 「https://news.jtbc.co.kr/article/article.aspx?news_id=NB11950109」
https://brunch.co.kr/@volo/112
http://www.cgv.co.kr/theaters/?theaterCode=0105
https://blog.naver.com/together_sh/222609410416
https://www.france.fr/ko/paris/article/29972
https://ellun.tistory.com/249
http://www.yes24.com/24/AuthorFile/Author/266095
http://www.yes24.com/24/AuthorFile/Author/165618
http://www.yes24.com/24/AuthorFile/Author/116227
https://www.youtube.com/watch?v=08Dij_UOyOg

어서와, 프랑스 기업은 처음이지?

네이버, 「네이버 지식백과, 기후변화의 새로운 길을 찾다-파리협정」
노명환, 『역사를 통해 본 유럽의 서로 다른 문화 읽기, 신서원, 2011
미래 에셋 증권, 「2021 way global ESG report」, 미래에셋 리서치센터
한불상공회의소, 『꼬레 아페르 n.112』 2022
함순식, 「어서와 유통회사는 처음이지?, 『브런치』, 2020
https://jejuzip2021.tistory.com/203
https://blog.naver.com/rhchoim/222767926994
https://www.veolia.co.kr/ko/beollia-sogae/beollia-geulub
https://rartez.co.kr/m/1113
https://m.blog.naver.com/PostView.naver?blogId=eco-playground&logNo=222684989645&proxyReferer=https:%2F%2Fm.keep.naver.com%2F
https://m.blog.naver.com/PostView.naver?blogId=careerners&logNo=222580867864&proxyReferer=https:%2F%2Fm.keep.naver.com%2F
https://esg.krx.co.kr/contents/01/01010100/ESG01010100.jsp
https://g1mentor.tistory.com/16902467

미주

[1] https://pixabay.com/ko/photos/%eb%b0%94%eb%a5%b4%ec%85%80%eb%a1%9c%eb%82%98-tibidabo-3960566/
[2] https://pixabay.com/ko/photos/%ec%86%8c%eb%85%84-%ed%82%a4%ec%a6%88-%eb%8f%85%ec%84%9c-%ec%97%ac%eb%a6%84-%ed%98%95%ec%a0%9c-3396713/
[3] https://pixabay.com/ko/photos/%ea%b5%ac%ec%a1%b0-%ea%b1%b4%eb%ac%bc-%eb%8f%84%ec%84%9c%ea%b4%80-%eb%8f%84%ec%8b%9c-%ec%b1%85-3342607/
[4] 정헌희, 「몽골 한옥 어린이 도서관, '2022년 어린이 과거시험 일필휘지'개최」, 『한국강사신문』, 2022.8.8. 「https://www.lecturernews.com/news/articleView.html?idxno=103945」
[5] 네이버, 「네이버 지식백과-파리 프랑수아 미테랑 도서관」, 2022년 11월 22일. 「https://terms.naver.com/entry.naver?docId=6632008&cid=63855&categoryId=63855」
[6] https://pixabay.com/ko/photos/%ed%94%84%eb%9e%91%ec%8a%a4-%ea%b5%ad%eb%a6%bd-%eb%8f%84%ec%84%9c%ea%b4%80-%ed%8c%8c%eb%a6%ac-1576968/
[7] https://pixabay.com/ko/photos/%ed%94%84%eb%9e%91%ec%8a%a4-%ea%b5%ad%eb%a6%bd-%eb%8f%84%ec%84%9c%ea%b4%80-%ea%b1%b4%ec%b6%95%eb%ac%bc-6695816/
[8] 최지혜, 「프랑스 도서관을 중심으로 살펴 본 도서관의 미래」, 『디지틀도서관』, 72(0), 77-96, 2013.
[9] 윤기윤, 「'열려라 도서관, 피어라 꿈'-파리 비블리오 루도테크 어린이도서관」, 『충북일보』, 2015.7.24.
[10] 샤를 페로, 『온 가족이 함께 읽는 샤를 페로 고전 동화집』, 김설아 역, 단한권의책, 2013, 5쪽.
[11] https://pixabay.com/ko/photos/%ec%8b%a0%eb%8d%b0%eb%a0%90%eb%9d%bc-%eb%8f%99%ed%99%94-%eb%8f%99-%ec%97%ac%ec%9e%90-4496559/
[12] https://pixabay.com/ko/vectors/%eb%b9%a8%ea%b0%84%eb%a7%9d%ed%86%a0-%eb%8a%91%eb%8c%80-%eb%8c%80%eb%a6%ac-4496559/%0-7633157/
[13] https://pixabay.com/ko/vectors/%eb%b6%80%ec%b8%a0-%ec%9e%a5%ed%99%94-%ea%b3%a0%ec%96%91%ec%9d%b4-%ec%9d%b4-%ec%95%bc%ea%b8%b0-7361775/
[14] https://pixabay.com/ko/vectors/%ec%97%b4%ec%87%a0-%eb%8a%99%ec%9d%80-%ed%95%b4%ea%b3%a8-%ec%9e%90%eb%a0%a5-%ec%87%a0-30417/
[15] https://pixabay.com/ko/vectors/%ec%97%ac%ec%84%b1-%ec%95%b4%ea%b3%a8-%ec%b4%88%ec%83%81%ed%99%94-%ec%a3%bd%ec%9d%8c-6279917/
[16] https://pixabay.com/ko/vectors/%ec%9e%a0%ec%9e%90%eb%8a%94-%ec%88%8c%ec%86%8d%ec%9d%98-%eb%af%b8%eb%85%80-%ec%97%ac%ec%9e%90-7361782/
[17] https://pixabay.com/ko/illustrations/%ec%97%ac%ec%9e%90-%ea%b0%80%ec%8b%b9-%eb%91%90%eb%a4%9b%eb%82%98-%ec%82%98%eb%ad%87%ec%9e%8e-6281015/
[18] https://pixabay.com/ko/illustrations/%ec%99%95%ec%9e%90-%ea%b3%b5%ec%a3%bc-%ec%9a%94%ec%a0%95-%ec%84%b1-1503345/
[19] https://pixabay.com/ko/photos/%ec%9d%bc%eb%aa%b0-%ec%95%84%eb%a6%84%eb%8b%b9%ec%9d%95-%ec%95%84%eb%b2%84%ec%a7%88-%ec%9d%b4%ed%8a%b8-4964311/
[20] JTBC 뉴스운영팀, 「'차이나는 클라스' 프랑스 민담엔 왜 사기꾼이 자주 등장할까?」,

『JTBC 뉴스』, 2020.5.13.
[21] http://www.yes24.com/24/AuthorFile/Author/266095
[22] 안느-가엘 발프, 『고약한 결점』, 이성엽 역, 파랑새, 2017, 1쪽.
[23] http://www.yes24.com/24/AuthorFile/Author/165618
[24] https://pixabay.com/ko/illustrations/%eb%8f%84%ec%84%9c-%ed%8e%98%ec%9d%b4%ec%a7%80-%eb%b9%88-%ec%b1%85-3057904/
[25] https://pixabay.com/ko/photos/%eb%82%98%eb%ac%b4-%ed%98%b8%ec%88%98-%eb%b3%84-%eb%b0%98%ec%82%ac-%eb%ac%bc-838667/
[26] 레미 쿠르종, 『커다란 나무』, 나선희 역, 시공주니어, 2017, 12쪽.
[27] https://m.blog.naver.com/leeykeun/221646664001
[28] https://m.blog.naver.com/leeykeun/221646664001
[29] https://ko.wikipedia.org/wiki/%ED%81%AC%EB%A0%88%ED%94%84
[30] https://www.smlounge.co.kr/essen/article/29492
[31] https://namu.wiki/w/%EC%84%A4%EB%B9%99
[32] https://bizon.kookmin.ac.kr/biz.on?says=1018
[33] https://www.mk.co.kr/news/fastview/9632004
[34] https://namu.wiki/w/%EC%BF%A0%ED%8C%A1%EC%9D%B4%EC%B8%A0
[35] http://hotelrestaurant.co.kr/mobile/article.html?no=8336
[36] https://m.blog.naver.com/businessinsight/221156760466
[37] https://ppss.kr/archives/126974
[38] https://byline.network/2019/09/10-75/
[39] https://www.hani.co.kr/arti/economy/consumer/1039479.html
[40] https://www.sisain.co.kr/news/articleView.html?idxno=47537
[41] http://www.munhwa.com/news/view.html?no=2022111801071507205001
[42] https://www.joongang.co.kr/article/25087931#home
[43] https://terms.naver.com/entry.naver?docId=3570930&cid=58789&categoryId=58798
[44] https://terms.naver.com/entry.naver?docId=1995863&cid=43168&categoryId=43168&anchorTarget=TABLE_OF_CONTENT3#TABLE_OF_CONTENT3
[45] https://terms.naver.com/entry.naver?docId=1995863&cid=43168&categoryId=43168&anchorTarget=TABLE_OF_CONTENT3#TABLE_OF_CONTENT3
[46] https://terms.naver.com/entry.naver?docId=1995863&cid=43168&categoryId=43168&anchorTarget=TABLE_OF_CONTENT3#TABLE_OF_CONTENT3
[47] https://terms.naver.com/entry.naver?docId=1995863&cid=43168&categoryId=43168&anchorTarget=TABLE_OF_CONTENT3#TABLE_OF_CONTENT3
[48] https://terms.naver.com/entry.naver?docId=2177790&cid=43168&categoryId=43168&anchorTarget=TABLE_OF_CONTENT3#TABLE_OF_CONTENT3
[49] https://terms.naver.com/entry.naver?docId=2177790&cid=43168&categoryId=43168&anchorTarget=TABLE_OF_CONTENT3#TABLE_OF_CONTENT3
[50] https://namu.wiki/w/LVMH
[51] https://m.terms.naver.com/entry.naver?docId=1976205&cid=43168&categoryId=43168&anchorTarget=TABLE_OF_CONTENT3#TABLE_OF_CONTENT3
[52] https://m.terms.naver.com/entry.naver?docId=3404361&cid=40942&categoryId=32116
[53] https://www.yna.co.kr/view/AKR20191130043300009

[54] https://brunch.co.kr/@loudsourcing/74
[55] https://www.pexels.com/ko-kr/photo/10644997/
[56] 어서와 유통회사는 처음이지?, 브런치, 함순식, 2020
[57] https://pixabay.com/ko/photos/bmw-%ed%83%80%ec%9d%b4%ec%96%b4-%eb%af%b8%ec%8a%90%eb%9e%ad-%ec%b0%a8-3439099/
[58] https://www.pexels.com/ko-kr/photo/802221/
[59] https://www.veolia.co.kr/ko/beollia-sogae/beollia-geulub
[60] https://unsplash.com/photos/rrfdqjJWwmU
[61] https://unsplash.com/photos/7e2pe9wjL9M
[62] https://www.pexels.com/ko-kr/photo/6693655/
[63] https://pixabay.com/ko/illustrations/%ea%b5%90%ed%86%b5-%ed%91%9c%ec%a7%80%ed%8c%90-%ec%a3%bc%eb%aa%a9-%eb%b0%a9%eb%b2%95-%ec%98%a4%eb%a5%b8%ec%aa%bd-63983/
[64] 노명환, 『역사를 통해 본 유럽의 서로 다른 문화 읽기, 신서원, 2011
[65] https://unsplash.com/photos/veNb0DDegzE
[66] 노명환, 『역사를 통해 본 유럽의 서로 다른 문화 읽기, 신서원, 2011
[67] https://pixabay.com/ko/vectors/snail-happy-fUNny-cute-snail-157394/
[68] 신조어, 선의의 거짓말 없이 너무 사실대로 말하는 표현을 일컫는다.
[69] https://pixabay.com/ko/illustrations
[70] https://unsplash.com/photos/qjsmpf0aO48
[71] https://pixabay.com/ko/photos/%ec%9c%84%eb%a1%9c-%ec%84%b1%ec%9e%a5-%ec%84%b1%ea%b3%b5-%ed%99%94%ec%82%b4-2081170/
[72] https://pixabay.com/ko/photos/%ed%99%98%ea%b2%bd-%eb%b3%b4%ed%98%b8-%ec%9e%90%ec%97%b0-%eb%b3%b4%ed%98%b8-%ea%b5%ac%ec%97%ad-326923/
[73] swiss re, 미래에셋 증권 리서치 센터
[74] swiss re, 미래에셋 증권 리서치 센터
[75] https://www.pexels.com/ko-kr/search/CHECK%20LIST/
[76] 네이버 지식백과, 기후변화의 새로운 길을 찾다 파리협정
[77] https://pixabay.com/ko/photos/%ed%92%8d%ec%b0%a8-%eb%b9%84%ec%8a%b7%ed%95%9c-%ea%b2%83-%ed%92%8d%eb%a0%a5-%ec%97%90%eb%84%88%ec%a7%80-7610195/
[78] https://jejuzip2021.tistory.com/203
[79] https://www.pexels.com/ko-kr/photo/10644997/
[80] 꼬레아페르 N.112, 한불상공회의소, 2022
[81] https://www.pexels.com/ko-kr/photo/9381005/
[82] https://blog.naver.com/rhchoim/222767926994
[83] 꼬레아페르 N.112, 한불상공회의소, 2022
[84] 꼬레아페르 N.112, 한불상공회의소, 2022
[85] https://www.pexels.com/ko-kr/photo/3457243/
[86] 꼬레아페르, 한불상공회의소, 2022
[87] https://www.pexels.com/ko-kr/photo/1108572/

'B프로젝트'라는 단어가 그리 낯설지 않은 요즘. 여럿이 모여 몇 권의 '책'을 만들기로 했다. 일상 곳곳에서 맞닥뜨리는 지극히 익숙한 대상이지만, 줄곧 읽을 생각만 했지 정작 이를 만드는 일까지는 상상해 보지 못했던 터였다.

'가천'에서 '인문'으로 만난 이들. 처음부터 끝까지 기획, 집필, 편집, 디자인 모두 이들 손에 이루어졌다. 매년 이맘때면 이런 결과물이 앞자리 번호를 달고 하나둘 쌓이리라 기대한다. 시간을 거스르며 결국은 그 숫자들이 우리를 이어 줄 것이다.

짧지만 강렬했던 한 달이 지난 지금, 어느새 모두 책 한 권의 저자가 되었다. 첫 출판의 도전을 마치자마자 우리는 또 각자 새로운 이야기를 꿈꾼다. 그 출발을 함께할 수 있어 기쁘고 벅차다.

2020년 12월
'가천 인문 책 프로젝트'를 시작하며,
가천대학교 인문대학

가천 인문 책 프로젝트 시리즈

01 『나도 모르게 먹히었다』
　　- 김주민, 이하윤, 이예빈, 박용춘

02 『스무 살은 무거워서 집에 두고 다녀요』
　　- 백희원, 김창희, 한예지

03 『배라도 든든하게, 글밥 한 끼.』
　　- 김미경, 신성호, 정량량

04 『쩝쩝박사』
　　- 김준형, 이금라, 임세아, 한주희

05 『가장 개인적인』
　　- 김성일, 서윤희, 이노자예, 조윤희

06 『의성이의 시끌벅적한 하루』
　　- 김다영, 김연수, 손문옥, 임현중

07 『밥통』
　　- 허윤준, 이정선, 레 뚜안 안, 응웬 트렁키엔

08 『성남에서의 가천-로그 (Gachon-log in Seongnam)』
　　- 강진주, 구기언, 김목원, 김선우, 김 솔, 노주영, 문준수, 문창환, 박도이, 백다은, 소힙존, 신기문, 신지수, 오영은, 윤상연, 윤우석, 이가연, 이승렬, 이영주, 이종희, 임동현, 정다현, 정주영, 정진미, 최선호, 치트러카준, 현재호, 정선주

09 『서툴러도, 사랑해』
　　- 권지은, 김은서, 김주영, 이하늘

10 『전지적 도로시 시점』
　　- 김가빈, 이승유, 이윤선, 심보영

11 『카페인과 수면제 사이』
　　- 김준호, 이윤수

12 『비록 파라다이스는 아닐지라도』
　　- 송윤서, 이예솜

13 『커피 칸타타, 한낮에 꾸는 꿈』
　　- 김유진, 신현기, 최수빈

14 『늙은 왕자』
  - 양혜원, 조소빈, 차소윤, 최민영

15 『추억 발자국』
  - 김가윤, 손수민, 이창규, 정다연

16 『탈피』
  - 김선아

17 **『찾았다, 프랑스! - MZ세대가 바라보는 프랑스-한국』**
  - 강다솜, 김유경, 안미르, 이유정

18 『나의 길 2022』
  - 홍채린, 김수민, 이예원, 김연재, 김현수, 방극현, 이유선, 임영재, 이다원, 배효정, 정유나, 안소연, 오현택, 김민주, 권라혜, 장상구, 최민수, 김해진, 신정민, 최수인, 장미리, 조성은, 배지은, 임형준, 정슬아, 정지윤, 송인동, 최대원, 김유화, 이상현, 이상훈, 권사랑, 이은지, 임정식, 이만식

19 『REALTY for REAL (진짜들을 위한 부동산)』 [가천대 영어교재 시리즈-01]
  - 방극현, 최대원, 송인동, 임형준

20 『팝송 가사 실전에 써먹기(Popping expressions in Pop songs)』 [가천대 영어교재 시리즈-02]
  - 배효정, 권라혜, 신정민, 이다원, 임영재, 최수인, 정슬아

21 『Dumbo와 함께 말해요』 [가천대 영어교재 시리즈-03]
  - 김민주, 권라혜, 안소연, 정유나

22 『동화로 시작하는 영어공부』 [가천대 영어교재 시리즈-04]
  - 장미리, 권사랑, 배효정, 신정민, 이다원, 이유선, 조성은, 홍채린

23 『별들의 놀이터(Playground of the Stars)』 [가천대 영어교재 시리즈-05]
  - 송인동, 김민주, 김수민, 김연재, 김유화, 이예원, 정유나

24 『전치사가 누구야? 대단한 품사지~』 [가천대 영어교재 시리즈-06]
  - 김현수, 배지은, 오현택, 이상훈, 임정식, 최민수

25 『누구나 영어로 말할 수 있다』 [가천대 영어교재 시리즈-07]
  - 이은지, 정슬아, 최수인, 최민수, 장상구, 안소연, 권라혜, 오현택, 조성은, 정지윤